KARIKATUREN UND KARIKATUREN

J&V

Karl Vocelka

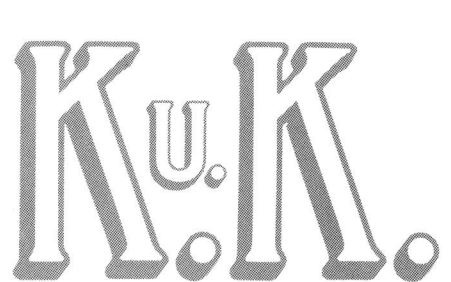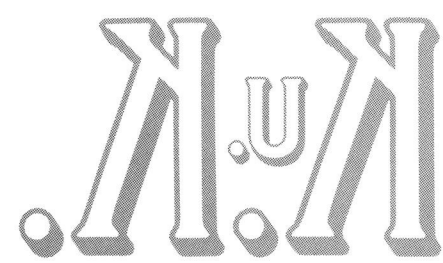

Karikaturen und Karikaturen zum Zeitalter Kaiser Franz Josephs

Jugend und Volk Wien München

ISBN 3-224-16564-2 Jugend und Volk Wien

© Copyright 1986 by Jugend und Volk
Verlagsges. m. b. H. Wien-München
Alle Rechte vorbehalten. 5207-86/1

INHALT

Einleitung

Franzisko-josephinische Nostalgie? Traum und Realität
der Habsburgermonarchie 1848 bis 1916 7
K. u. K.: Kaiser und Konstitution 10
Wirtschaft und Lebensweise der Bevölkerung 13
Die Länder der Habsburgermonarchie 15
Einige informative Daten 17
Karikaturen als Quellen 20

Die Karikaturen

Die Revolution 1848 24
Der Kaiser 26
Das neoabsolutistische System 28
Der Adel 30
Die Armee und ihre Repräsentanten 32
Die Bürokratie 34
Klerus und Konkordat 36
Habsburg und Risorgimento 38
Die Verfassung/Experimente und Sistierung 40
Der Krieg gegen Preußen und Italien 1866 42
Die Deutschen 44
Der Ausgleich mit Ungarn 46
Die ungarische Reichshälfte 48
Die Dezemberverfassung 50
Die Kultur der Ringstraßenzeit 52
Die konfessionellen Gesetze 1868 54
Der Börsenkrach 1873 56
Die Bourgeoisie 58

Operetten und Walzerseligkeit 60
Die Bosnienkrise 62
Der Sturz der Liberalen 64
Das „Weiterwursteln" der Regierung Taaffe 66
Die Sozialgesetzgebung unter Taaffe 68
Die Sozialdemokratische Partei 70
Frauen und Frauenbewegung 72
Das Kleinbürgertum 74
Die Christlichsoziale Partei 76
Die Studenten 78
Die Deutschnationalen 80
Die Juden und der Antisemitismus 82
Die Cillier Schulaffäre 84
Die Tschechen 86
Die Polen 88
Die Badenikrise 90
Thun und der neuerliche Ausgleichsversuch 92
Das Wirtschaftskonzept der Regierung Körber 94
Der Paragraph 14 und die drei Regierungen Gautsch .. 96
Die Wahlreformfrage und die Regierung Beck 98
Die Bündnispolitik Österreich-Ungarns 100
Die Balkankrisen 102
Die Regierung des Grafen Stürgkh 104
Der Ausbruch des Ersten Weltkrieges 106

Anhang

Bildquellen 109
Ausgewählte Literatur 110

FRANZISKO-JOSEPHINISCHE NOSTALGIE?
TRAUM UND REALITÄT DER HABSBURGER-MONARCHIE ZWISCHEN 1848 UND 1916

Die Erinnerung verklärt. Häufig erscheint die Regierungszeit Franz Josephs – sie hat einen festen Platz in der Literatur, dem österreichischen Film, den Medien und der Fremdenverkehrswerbung – in einem rosigen Licht. Erstaunlicherweise sogar dort, wo man sie zu den Zeiten ihrer Existenz am abgründigsten gehaßt hat. In den Nachbarstaaten des Ostens etwa schwärmt man vom einstigen Glanz der Monarchie – wenn auch nur hinter vorgehaltener Hand. Offener und freier ist man im nördlichen Italien, wo man – Risorgimento und Irredentabewegung vergessend, verleugnend, verratend – in eine geradezu erschreckende Nostalgie verfallen ist. Sie findet ihren Ausdruck nicht nur darin, daß man Ansichtskarten des Kaisers Franz Joseph mit dem „Gott erhalte" in allen Sprachen der ehemaligen Monarchie verkauft und gelegentlich zu später Stunde diese einst so verhaßte Hymne von ehrwürdigen Repräsentanten von Wirtschaft und Bildung auch gesungen wird. Eine Nostalgie, die in der feinen Umschreibung „Mitteleuropa" auch eine durchaus politische Dimension hat.

Dieser „Habsburgermythos" – wie ihn Claudio Magris so trefflich beschrieben hat – ist augenfällig und durchzieht die österreichische Literaturproduktion bis zur Gegenwart. Verständlich etwa bei einem Mann wie Stefan Zweig, den sein grausames persönliches Schicksal – er mußte 1938 Wien, so sagt er selbst, wie ein Verbrecher verlassen, während seine Bücher, die Millionen Leser gefunden hatten, zu Asche verbrannt wurden – dazu bewegt, sich seiner Kindheit und des Staats seiner Jugend mit Wehmut zu erinnern. Er schreibt in seinem großartigen Buch „Die Welt von Gestern": „Wenn ich versuche, für die Zeit vor dem ersten Weltkriege, in der ich aufgewachsen bin, eine handliche Formel zu finden, so hoffe ich am prägnantesten zu sein, wenn ich sage: es war das goldene Zeitalter der Sicherheit. Alles in unserer fast tausendjährigen österreichischen Monarchie schien auf Dauer gegründet und der Staat selbst der oberste Garant dieser Beständigkeit. Die Rechte, die er seinen Bürgern gewährte, waren verbrieft vom Parlament, der frei gewählten Vertretung des Volkes, und jede Pflicht genau begrenzt. Unsere Währung, die österreichische Krone, lief in blanken Goldstücken um und verbürgte damit ihre Unwandelbarkeit. Jeder wußte, wieviel er besaß oder wieviel ihm zukam, was erlaubt und was verboten war. Alles hatte seine Norm, sein bestimmtes Maß und Gewicht. Wer ein Vermögen besaß, konnte genau errechnen, wieviel an Zinsen es alljährlich zubrachte, der Beamte, der Offizier wiederum fand im Kalender verläßlich das Jahr, in dem er avancieren werde und in dem er in Pension gehen würde."

Doch auch ihm, für den diese Monarchie mit der sorglosen Zeit seiner Jugend aufs engste verbunden ist, wurde klar, daß nicht alles so einfach war, wie es ihm in der Erinnerung erschien, und er erkannte auch, wie sehr seine Sichtweise die einer bestimmten gesellschaftlichen Gruppe war: „Heute, da das große Gewitter sie längst zerschmettert hat, wissen wir endgültig, daß jene Welt der Sicherheit ein Traumschloß gewesen ist. Aber doch, meine Eltern haben darin gewohnt wie in einem steinernen Haus. Kein einzigesmal ist ein Sturm oder eine scharfe Zugluft in ihre warme, behagliche Existenz eingebrochen; freilich hatten sie noch einen besonderen Windschutz: sie waren vermögende Leute, die allmählich reich und sogar sehr reich wurden, und das polsterte in jenen Zeiten verläßlich Fenster und Wand."

Das Bunte und eigenartig Paradoxe der Existenz dieses Vielvölkerstaates mit seinen unauflösbaren Spannungen und Gegensätzen faszinierte die Schriftsteller immer wieder, hat in Ernst und Parodie Ausdruck gefunden. Musil beschreibt das Lebensgefühl der alten Monarchie, die er Kakanien nennt, in seinem „Mann ohne Eigenschaften":

„Dort, in Kakanien, diesem seither untergegangenen, unverstandenen Staat, der in so vielem ohne Anerkennung vorbildlich gewesen ist, gab es auch Tempo, aber nicht zuviel Tempo. So oft man in der Fremde an dieses Land dachte, schwebte vor den Augen die Erinnerung an die weißen, breiten, wohlhabenden Straßen aus der Zeit der Fußmärsche und Extraposten, die es nach allen Richtungen wie Flüsse der Ordnung, wie Bänder aus hellem Soldatenzwillich durchzogen und die Länder mit dem papierweißen Arm der Verwaltung umschlangen. Und was für Länder! Gletscher und Meer, Karst und böhmische Kornfelder gab es dort. Nächte an der Adria, zirpend von Grillenunruhe, und slowakische Dörfer, wo der Rauch aus den Kaminen wie aus aufgestülpten Nasenlöchern stieg und das Dorf zwischen zwei kleinen Hügeln kauerte, als hätte die Erde ein wenig die Lippen geöffnet, um ihr Kind dazwischen zu wärmen. Natürlich rollten auf diesen Straßen auch Automobile! Man bereitete die Eroberung der Luft vor, auch hier; aber nicht zu intensiv. Man ließ hie und da ein Schiff nach Südamerika oder Ostasien fahren; aber nicht zu oft. Man hatte keinen Weltwirtschafts- und Weltmachtehrgeiz; man saß im Mittelpunkt Europas, wo die alten Weltachsen sich schneiden; die Worte Kolonie und Übersee hörte man an wie etwas noch gänzlich Unerprobtes und Fernes. Man entfaltete Luxus; aber beileibe nicht so überfeinert wie die Franzosen. Man trieb Sport; aber nicht so närrisch wie die Angelsachsen. Man gab Unsummen für das Heer aus; aber doch nur gerade so viel, daß man sicher die zweitschwächste der Großmächte blieb."

Wie kaum ein anderer Schriftsteller hat Robert Musil die Gegensätze und Widersprüche dieses Staatsgebildes erfaßt und in seiner prägnanten Sprache durchschaubarer gemacht als manche lange wissenschaftliche Analyse.

„Überhaupt, wie vieles Merkwürdige ließe sich über dieses versunkene Kakanien sagen! Es war zum Beispiel kaiserlichköniglich und war kaiserlich und königlich; eines der beiden Zeichen k.k. oder k. und k. trug dort jede Sache und Person, aber es bedurfte trotzdem einer Geheimwissenschaft, um immer sicher unterscheiden zu können, welche Einrichtungen und Menschen k.k. und welche k.u.k. zu rufen waren. Es nannte sich schriftlich Österreichische-Ungarische Monarchie und ließ sich mündlich Österreich rufen; mit einem Namen also, den es mit feierlichem Staatsschwur abgelegt hatte, aber in allen Gefühlsangelegenheiten beibehielt, zum Zeichen, daß Gefühle ebenso wichtig sind wie Staatsrecht und Vorschriften nicht den wirklichen Lebensernst bedeuten. Es war nach seiner Verfassung liberal, aber es wurde klerikal regiert. Es wurde klerikal regiert, aber man lebte freisinnig. Vor dem Gesetz waren alle Bürger gleich, aber nicht alle waren eben Bürger. Man hatte ein Parlament, welches so gewaltigen Gebrauch von seiner Freiheit machte, daß man es gewöhnlich geschlossen hielt; aber man hatte auch einen Notstandsparagraphen, mit dessen Hilfe man ohne das Parlament auskam, und jedesmal, wenn alles sich schon über den Absolutismus freute, ordnete die Krone an, daß nun doch wieder parlamentarisch regiert werden müsse."

Doch selbst wo nicht so konkret auf die alte Monarchie Bezug genommen wird, vermeint der Kenner jenes Staates und seiner verworrenen Probleme diese gespiegelt zu sehen. Im „Maghrebinien" Gregor von Rezzoris, der dessen bunte und widersprüchliche Gegenwart und dessen verwirrende, blutrünstige Geschichte so humorvoll schildert, glaubt man ein Stück jener balkanischen Realität und Historie zu sehen, die einen Bestandteil der alten Monarchie gebildet haben.

Und dann erst in Herzmanovsky-Orlandos „Tarockanien", wo sein „Maskenspiel der Genien" handelt, jenem frei erfundenen Pufferstaat zwischen den deutschen, slawischen und romanischen Gebieten im Südosten Europas, jenem „Burgund der Levante", das dem Historiker der Geschichte der Habsburgermonarchie so heimatlich anmutet. Dem Staatskanzler Metternich schrieb Herzmanovsky die Schöpfung dieses fiktiv-realen Staates zu. Nach langem Streit um die Dynastie „ließ Metternich seinen Geist leuchten. Die von ihm gefundene Lösung war einfach, war so dynastisch wie möglich und war zugleich so durch und durch dem tiefsten Volksempfinden, ja den Idealen des kommenden Jahres 1848 angepaßt, daß wir wieder einmal mit ehrfürchtigem Staunen den kühnen Gedankenflug dieses bedeutenden Staatsmannes bewundern müssen: er schuf das Reich der Tarocke, von Nörglern, denen nie etwas recht ist auch das „Spiegelreich des linken Weges" geheißen. Die Verfassung war vorbildlich. Sie basierte auf den strengen Gesetzen des in Österreich ungemein populären Tarockspiels, dessen esoterische Bedeutung viel zur Lösung des Welträtsels beitragen könnte. Nach Art der antiken Tetrarchen herrschten im neuen Reich vier Könige, die nach einer geradezu genialen Methode alljährlich neu gewählt wurden. Der Begrenzung ihres Wirkens auf ein Jahr lag die Beobachtung zugrunde, daß bei einem Tarockspiel, wenn es ein ganzes Jahr in Gebrauch ist, die Könige bis zur Unkenntlichkeit verschmutzt werden. Und man kann zwar die Könige eines Kartenspiels notdürftig mit Benzin reinigen, fleischerne Könige aber nicht. Grundlage für die Wahl der Landesväter war das sogenannte „Normaltarockspiel", das in der Hauptstadt des Landes aufbewahrt wurde – vergleichbar dem „Urmeter" zu Paris, dieser Stadt der gockelhaft aufgeblasenen Symbole."

Trotz mancher karikierender, satirischer oder kritischer Note ist das Bild, das die Literatur von der alten Monarchie zeichnete, weitgehend ein positives – doch wie sah die Realität dieses Staatsgebildes aus?

Man hat häufig den Beginn der Regierung des jungen Franz Joseph in Zusammenhang gebracht mit der Überwindung der Revolution des Jahres 1848. Sicherlich war die revoltionäre Situation und ihre Überwindung eine der Hypotheken der zweiten Hälfte des 19. Jahrhunderts, aber mehr noch als dieses ungeheuer wichtige Intermezzo war das Erbe einer viel weiter zurückliegenden Vergangenheit und insbesondere das vormärzliche Erbe für diese Zeit prägend geworden.

Die Habsburgermonarchie war bis zum Jahre 1848 im wesentlichen auf den Grundlagen der mittelalterlichen Feudalordnung aufgebaut. Unfreie, untertänige Bauern bildeten die Hauptmasse der Bevölkerung eines noch weitgehend auf der landwirtschaftlichen Primärproduktion fußenden Staates. Zwar war der Einfluß des Adels im Zuge der Ausbildung eines – niemals vollständig greifenden – Absolutismus, insbesondere Josephs II., zurückgedrängt worden, dennoch beherrschten diese beiden Gruppen noch immer den lokalen Bereich, der, wie man betonen muß – auch wenn es geradezu ein Gemeinplatz ist –, im Gegensatz zu den Intentionen der Zentrale, insbesondere natürlich des Herrschers stand, der eine zentralistische Regierung und ein gemeinsames Staatsbewußtsein anstrebte.

Mannigfache Hindernisse standen diesem Bestreben der Habsburger entgegen, als wichtigstes sicherlich die Uneinheitlichkeit dieses Staatsgebildes und seiner Entstehung. Während sich die Habsburger im Spätmittelalter weitgehend im heutigen Österreich festgesetzt hatten, und die Versuche, ein Landesbewußtsein für die gesamte „domus Austriae", für die vom Haus Österreich beherrschten Territorien, durchzusetzen, von einigem Erfolg gekrönt waren, trat mit dem Beginn der Neuzeit eine völlige Veränderung der Situation ein.

Die Habsburger erwarben seit 1526 Territorien, die eine andere Vergangenheit hatten, andere Rechtsformen und – was damals noch nicht so auffiel – auch eine anderssprachige Bevölkerung. Das einzige einigende Band all dieser verschiedenen Gebiete – Böhmen, Mähren, Schlesien, Kroatien und Slawonien, später dann Oberitalien, Galizien, Lodomerien, Bukowina und Dalmatien – war der gemeinsame Herrscher mit seinen Machtinstrumenten Armee und Bürokratie. Schon bei der Kirche muß man angesichts der Sonderstellung Ungarns, wo sich die Gegenreformation nie voll durchsetzen konnte und beim Adel, der ebenfalls nur teilweise als übergreifendes Element gesehen werden kann, Einschränkungen bei der Herausstellung ihrer integrativen Funktion machen.

Die Interessen dieser Dynastie aber galten nicht ausschließlich der vorbildlichen Verwaltung ihrer Länder, der Vermehrung von Wohlstand und der Verbreitung von Bildung und politischen Rechten der Untertanen – ganz im Gegenteil. Die internationale Machtpoltik der Dynastie stand im Mittelpunkt all ihrer Bestrebungen, man beutete die Kräfte der eigenen Länder aus, um noch mehr Einfluß, noch mehr Macht in Europa zu gewinnen. Der von Schulbüchern noch immer hoch gepriesene „Aufstieg Österreichs zur Großmacht" ist wahrlich kein Anlaß für nationale Berauschung, für einen Triumphpatriotismus. Er wurde von den Völkern der Habsburgermonarchie teuer erkauft, ohne ihnen entsprechenden Gewinn zu bringen.

Es nimmt den heutigen Historiker wunder, warum dieser loyale, habsburgtreue Patriotismus der Monarchie auch 70 Jahre nach deren Ende noch immer besteht. Während sich die Staatsform 1918 änderte, scheint mentalitätsgeschichtlich der heutige Österreicher noch immer im Wahn der Großmachtträume, die ihm von einer machthungrigen Dynastie aufgepfropft wurden, weiterzuleben. Langsam erst brechen in den letzen Jahren die Bastionen auf, werden kritische Fragen lauter, demokratische Gesinnungen häufiger, versinkt die 1918 zusammengebrochene Monarchie auch in den Köpfen der Menschen dieses Landes endgültig.

Dieses Konglomerat verschiedener Länder, bunt zusammenererbt, erobert, ertauscht von einer Dynastie, erlebte im 18. Jahrhundert und dann besonders intensiv im Vormärz die Transformation in einen modernen Staat, dessen Probleme die zweite Hälfte des 19. Jahrhunderts, die Regierungszeit Kaiser Franz Josephs, prägen sollten. Die Ideen der Aufklärung, und noch schärfer die der französischen Revolution, waren diesem Staat nicht von Vorteil. Die Idee der Volkssouveränität und der Entwicklung einer Verfassung stand dem Absolutismus, dessen „starke Hand" die Konflikte niedergehalten hatte, ebenso entgegen wie die Idee des beginnenden Nationalismus, der sich zu einer entscheidenden zentrifugalen Kraft des Reiches entwickeln sollte.

Die Konflikte und Probleme des Vormärz prägen also auch die politische Situation der Regierungszeit Franz Josephs. Wir wollen sie hier einmal auflisten:

– die ökonomische Entwicklung eines Agrarstaates zur Industrialisierung hin war mit sozialen Problemen schwerwiegender Art verknüpft; mit der Lage der Bauern, mit der Lage der arbeitenden Klasse, und mit der Ausbildung eines nach politischer Macht strebenden Bürgertums;

– die Wünsche nach einer Teilnahme am politischen Leben der verschiedenen Bevölkerungsklassen verstärkten sich zunehmend – Kämpfe um eine Durchsetzung des Konstitutionalismus, eine Erweiterung des zunächst beschränkten Wahlrechtes und eine Organisierung in Parteien und Interessenvertretungen waren die Folge;

– der sich im Vormärz zunächst auf wissenschaftlicher, philosophischer, historischer und literarischer Ebene entwickelnde Nationalismus der vielen Staatsvölker wurde zunehmend radikaler und erzeugte das Grundproblem der Monarchie: die Nationalitätenfrage;

– die konfessionellen Probleme hatten zwar nicht mehr die Bedeutung, die ihnen im 16. und 17. Jahrhundert zukam, doch war das im 18. Jahrhundert veränderte Verhältnis zwischen Staat und Kirche noch bis zum Ende der Monarchie belastet;

– all diese Kräfte wirkten hinein in das kulturelle Leben der Monarchie, das von nationalen, sozialen und weltanschaulichen Gegensätzen beeinflußt war.

Diese hier zunächst schematisch aufgelisteten Bereiche von Konflikten sind nicht isoliert und können daher auch in ihrer Behandlung nicht getrennt werden. Nationale und soziale Probleme waren eng mit der Forderung nach mehr politischen Rechten verbunden, die Entwicklung der Verfassung oder die der Parteien ist weder von sozialen noch von nationalen Konflikten zu isolieren.

Die einzelnen Kronländer, die sich als „historische Individualitäten" bezeichneten – schon dieser Ausdruck ist ja überaus entlarvend –, waren auf ihre Sonderrechte bedacht, neideten ihren Nachbarn jede Vergünstigung, die sie selbst nicht besaßen, und standen durch ihre festgefügten Macht- und Verwaltungsstrukturen der Ausbildung eines uniformen „Gesamtstaates" diametral entgegen.

Die bei der Gesamtanalyse der späten Habsburgermonarchie und ihres Scheiterns, ihres Zerfalles in sogenannte „Nationalstaaten" – korrekter müßte man von Staaten, die von einer Mehrheitsnation dominiert wurden, sprechen, da alle diese Staaten, selbst das in St. Germain nicht verwöhnte Österreich (bzw. auch Ungarn) nationale Minderheiten einschlossen – nimmt das Nationalitätenproblem eine zentrale Position ein. Neuere Forschungen zeigen weitaus differenziertere Auffassungen, als es die an sogenannten „objektiven Kriterien" – wie Sprache, Kultur, Rasse, eventuell gemeinsame Geschichte – orientierte ältere Forschung ermöglichte. Die schon von den Sozialdemokraten der Monarchie vertretene Ansicht, daß Nationalitätenkonflikt eine Form des transformierten Klassenkampfes sei, wird in vielen Analysen deutlich. Die verschiedenen Völker der Monarchie hatten aus den unterschiedlichen historischen Bedingungen heraus im 19. Jahrhundert unterschiedliche Stadien gesellschaftlicher Entwicklung erreicht. Während die deutschsprachige Bevölkerung der Monarchie schon am Beginn des Jahrhunderts alle Klassen der Gesellschaft umfaßte, Adel und Klerus ebenso wie Bauern, Arbeiter und eine Bourgeoisie sowie eine Schicht von Intellektuellen, waren andere Völker der Monarchie zu diesem Zeitpunkt noch auf den agrarischen vorindustriellen Bereich beschränkt und hatten daher außer der bäuerlichen Bevölkerung bestenfalls einen eigenen, nationalen Adel – manche, wie etwa die Ruthenen Galiziens, hatten nicht einmal diesen.

Sozialer Aufstieg war häufig mit der Annahme der Sprache der jeweils herrschenden Schicht und mit der Entnationalisierung, mit einer Assimilierung, verbunden.

Differenziertere, von Marx ausgehende Analysen des Klassenbegriffes haben – wie etwa bei Marc Bloch zu sehen – betont, wie stark der mentalitätsmäßige Anteil bei einer Umschreibung dessen, was Klasse heißt, ist. Bei den Klassen der Bevölkerung der Habsburgermonarchie waren sicherlich in diesem mentalitätsmäßigen Bereich auch die nationalen Bedingungen, die nicht zuletzt mit der Bildungsgeschichte zusammenhängen, berücksichtigenswert.

Der vor kurzem verstorbene große österreichische Historiker Robert A. Kann hat einmal darauf hingewiesen, daß der Deutschzentralismus, der die Darstellungen der österreichischen Geschichte durchzieht, nicht so sehr auf sprachlichen, als vielmehr auf mentalitätsmäßigen, auf Problemen des „Sehen-Wollens" beruht. Sicherlich ist es unmöglich, von einem Historiker der Habsburgermonarchie zu verlangen, daß er alle Sprachen dieses Vielvölkerstaates beherrscht: Ungarisch, Tschechisch, Kroatisch und Serbisch, Slowenisch, Slowakisch, Rumänisch, Polnisch, Ruthenisch, Italienisch und Deutsch, um nur die wichtigsten zu nennen: doch das Problem liegt, wie Kann trefflich bemerkt, anderswo. Ein Großteil der deutschsprachigen Historiker – sieht man von den die Gesamtstaatsidee fördernden „Reichshistoriker" des 19. Jahrhunderts, wie Alfons Huber, der noch spät Ungarisch und Tschechisch lernte, um seine Geschichte Österreichs zu schreiben, ab – geht an die Geschichte der Monarchie vom zentralistischen, deutschzentrierten Standpunkt heran.

Nun weist Kann mit Recht darauf hin, daß mittlerweile eine Fülle an Literatur (in „verständlichen", das heißt geläufigen Sprachen wie Englisch oder Französisch) über einzelne Nationalitäten vorliegt, die von deren Standpunkt – häufig handelt es sich um die nationale Variante der deutschzentristischen Geschichtsschreibung – geschrieben sind und auf der Literatur und den Quellen der betreffenden Nationalsprache basieren. Nur der gute Wille der Historiker, einen anderen Blickwinkel zu suchen, fehlt, man könnte, wie Kann meint, durchaus ohne Kenntnis der anderen Sprachen der Monarchie eine ausgewogene, andere Nationalitäten berücksichtigende Geschichte dieses Vielvölkerstaates schreiben.

So ist das Quellenmaterial dieses Bandes, die Karikaturen, aus Gründen der Zugänglichkeit von Bibliotheken und auch aus sprachlichen Gründen den deutschsprachigen satirischen Zeitschriften entnommen, doch ihre Interpretation versucht sich in einem weniger engen Kreis zu bewegen.

Auch die Karikaturen zeigen deutlich, daß die innere Situation der Monarchie voller Schwierigkeiten und unlösbarer Probleme war; wirklich kein Staat, nach dessen Existenz man sich sehnen könnte. Dabei ist noch zu bedenken, daß in diesen Karikaturen weitgehend das dominierende deutsche Element und die höheren Klassen der Bevölkerung sich Ausdruck verschafften – man muß sich nun vorstellen, wie diese Monarchie aus dem Blickwinkel eines ausgebeuteten, entrechteten Arbeiters einer der unterdrückten Nationalitäten ausgesehen hat.

K.u.K.: KAISER UND KONSTITUTION

Die militärische Macht der Armee war es gewesen, die der revolutionären Bewegung das Ende bereitete: die Siege Radetzkys in Italien, und die des Feldmarschalls Windischgrätz und des Banus Jellačić in Wien, und schließlich die Niederlage der Ungarn bei Világos, wo die kaisertreuen Truppen gemeinsam mit den zu Hilfe gerufenen russischen Truppen den ungarischen Aufstand beendeten. Eines hatte man aus den für die Dynastie bitteren Erfahrungen des Jahres 1848 gelernt: mit der „Monarchie ohne Kaiser" konnte man nicht weitermachen, so dankte der regierungsunfähige Regierende, Kaiser Ferdinand I., zu Gunsten seines Neffen Franz Joseph, der damals erst 18 Jahre alt war, ab.

Als dieser sein erstes Dekret publizierte, das traditionell mit der Formel: „WIR, Franz Joseph…" begann, witzelte man, daß dieses WIR eigentlich eine Abkürzung sei für die Namen Windischgrätz, Jellačić und Radetzky. Man drückte damit aus, daß dieses neue, durch den Herrscherwechsel sich manifestierende System, das den Namen Neoabsolutismus bekommen sollte, in erster Linie auf der Macht der Gewehre, welche die Revolution besiegt hatten, aufgebaut war. Nicht nur diese Militärs, sondern auch andere Menschen beeinflußten den jungen, noch unfertigen Franz Joseph in diesen ersten Jahren. Allen voran seine überaus energische und willensstarke Mutter, eine Wittelsbacherin mit dem Namen Sophie, die man im Jahre 1848 spöttisch als „den einzigen Mann im Hause Habsburg" bezeichnet hatte. Franz Joseph bestieg also am 2. Dezember 1848 den Thron der Habsburgermonarchie, den er bis zum Jahre 1916 – würde es nicht so paradox sein, könnte man sagen, länger als ein Menschenleben – innehaben sollte.

Der abgedankte Ferdinand zog sich friedlich nach Prag zurück, wo er sich vorwiegend der Gartenarbeit widmete, was seinen Neigungen und Fähigkeiten viel mehr entsprach als das Regieren. Er, der immer schon einen sehr einfachen Zugang zu politischen Verhältnissen hatte – berühmt ist seine Reaktion auf die Aktivitäten der Revolutionäre am 13. März 1848 in Wien, als er fragte: „Ja, derfens' denn des?" – beschäftigte sich nicht mehr mit Politik. Nur einmal – Ferdinand starb 1875 – fragte er in einem lichten Moment, wie es denn um die österreichische Politik stünde, und als man ihm von den Niederlagen der Jahre 1859 und 1866 erzählte, meinte er in erstaunenswerter Scharfsicht: „So gut hätt' ich's auch noch zusammengebracht."

Franz Joseph hat in den ersten Jahren seiner Regierung, sicherlich unter dem Schock der Revolution des Jahres 1848 stehend, versucht, ein absolutistisches System in Österreich zu verwirklichen. Zunächst stand er dabei noch voll unter dem Einfluß seiner Ratgeber, sodaß man etwas überspitzt von einer Fortsetzung vormärzlicher Verhältnisse – fast einer „Monarchie ohne Kaiser" – sprechen könnte, doch war der zwar junge und unerfahrene Monarch durchaus regierungsfähig und hat sich im Laufe der Jahre immer mehr Einfluß auf die Politik seines Landes zugemutet, sodaß man nach dem Tode Schwarzenbergs im April 1852 von einem wirklich neoabsolutistischem System, bei dem der Kaiser tonangebend war, sprechen kann. Nachdem Karl Ferdinand Graf Boul-Schauenstein Außenminister geworden war, verstärkte sich der Einfluß des Kaisers auch auf diesem Gebiete, da der Diplomat gegenüber dem Kaiser sehr loyal war und versuchte, es ihm überall recht zu machen. Mit welchen Folgen diese Politik endete, zeigte sich dann deutlich im Krieg gegen Sardinien-Piemont, bei dem der Kaiser nach der ersten verlorenen Schlacht bei Magenta auch den militärischen Oberbefehl übernahm, gleichsam um zu beweisen, daß er auch auf diesem Gebiet nur mangelhafte Fähigkeiten hatte.

Der verlorene Krieg zwang zu Reformen. Doch anstatt einen entscheidenden Schritt zu tun und den Wünschen des Nationalismus und des Liberalismus entgegenzukommen, machte man nicht einmal einen halben Schritt. Die Nationalitäten, insbesondere die Ungarn, die im Sinne der „Verwirkungstheorie" seit 1849 aller ihrer Privilegien verlustig waren, versuchte man nicht zu versöhnen. Aber im Sinne des Konstitutionalismus verstärkte man den Reichsrat – eine, wie der Name ja aussagt, zunächst beratende Körperschaft – durch die Ernennung einer größeren Anzahl von neuen Mitgliedern. Innerhalb dieses Gremiums sollte nun so etwas wie eine Verfassung ausdiskutiert werden. In diesem verstärkten Reichsrat standen einander im wesentlichen zwei Gruppen gegenüber, die ungarischen Altkonservativen, zusammen mit den Polen zunächst in der Mehrheit, und die Deutschliberalen. Die beiden Gruppen vertraten unterschiedliche Auffassungen in bezug auf die grundsätzliche Gestaltung des Staatsaufbaus der Monarchie. Während die ungarischen Altkonservativen für das föderalistische Prinzip, das ihnen zugute kam, eintraten, haben die Deutschliberalen einen zentralistischen Standpunkt vertreten, der die Vorherrschaft der Deutschen in der Gesamtmonarchie, trotz ihrer zahlenmäßigen Unterlegenheit, garantieren sollte.

Aus den Beratungen dieses Gremiums war schließlich eine Art Verfassungsentwurf hervorgegangen, der im Oktober des Jahres 1860 veröffentlicht wurde. Der Mann, der für dieses Oktoberdiplom verantwortlich zeichnete, war Graf Agenor Goluchowski der Ältere, ein Pole, der lange Jahre Statthalter von Galizien gewesen war. Im wesentlichen waren in diesem Verfassungsentwurf die Vorstellungen der ungarischen Altkonservativen verwirklicht, das Diplom sah eine weitgehende Autonomie der einzelnen Kronländer vor, die Landtage bzw. der ungarische Reichstag hatten wichtigere Funktionen zu erfüllen als der Reichsrat als zentrale Institution. Dieses Oktoberdiplom wurde als „beständig unwiderrufliches Verfassungsgesetz" erklärt und man versuchte damit vorsichtig und zaghaft, das verfassungsmäßige Leben in der Donaumonarchie einzuleiten. Doch bald stellte sich heraus, daß die Reaktionen auf das Oktoberdiplom von allen Seiten her negativ waren. Selbstverständlich waren die Deutschen, die den Zentralismus vertraten, nicht einverstanden, ebenso die anderen Nationalitäten, auch die Ungarn, die weitreichendere Forderungen stellten, waren unzufrieden. So war die Dauer dieses unwiderruflichen Staatsgesetzes auf einige wenige Monate beschränkt – schon im Dezember 1860 ließ der Kaiser Agenor Goluchowski fallen und im Februar des folgenden Jahres wurde ein neuer Verfassungsentwurf im Sinne der Deutschliberalen formuliert, deren führender Vertreter Anton Ritter von Schmerling war. Das sogenannte „Februarpatent" verwirklichte einen halben Liberalismus in der Monarchie, der schon 1865 – die Abneigung gegen den Konstitutionalismus schien noch immer nicht voll bewältigt – durch die Sistierung dieser Verfassung wieder beseitigt wurde. Ein neuerlicher verlorener Krieg 1866 schließlich zwang Franz Joseph das zu werden, was er so viele Jahre zu vermeiden gesucht hatte: ein konstitutioneller Monarch.

Jedoch haben die verschiedenen Verfassungsversuche und schließlich auch die Dezemberverfassung von 1867, die zumindest theoretisch bis zum Ende der Monarchie gültig war – sie wurde in den Zeiten nationalen Zwistes häufig aufgehoben und durch den berüchtigten Notverordnungsparagraphen ersetzt –, ihm eine Reihe von Prerogativen eingeräumt. Die Person des Kaisers war „geheiligt, unverletzlich und unverantwortlich", Franz Joseph war der Oberbefehlshaber der Armee, er erklärt Krieg und schließt Frieden, er schließt Staatsverträge ab und verleiht Titel, Orden und Auszeichnungen, auch das Begnadigungsrecht steht ihm zu.

Eine Besonderheit dieser Verfassung war es, daß die Ministerien nicht vom Abgeordnetenhaus bestimmt wurden: „Der Kaiser ernennt und entläßt die Minister und besetzt über Antrag der betreffenden Minister alle Ämter in allen Zweigen des Staatsdienstes, sofern es das Gesetz nicht anders verordnet," heißt es im Gesetz. Damit war dem Monarchen, der überdies die Mitglieder des Herrenhauses zu ernennen sich vorbehalten hatte und die Sanktionierung aller Gesetze als Aufgabe hatte, eine Reihe von Kontrollmöglichkeiten gegeben, die dem österreichischen Konstitutionalismus einen starken monarchischen Zug verliehen. Bis zum Ende der Monarchie war das Vertrauen des Kaisers für den Ministerpräsidenten und sein Ministerium gleich wichtig, vielleicht sogar wichtiger als die Majorität der Stimmen im Parlament.

In zwei Fragen, die Kernprobleme der Monarchie darstellten, waren die Ansichten des Kaisers für die Politik überaus entscheidend gewesen. Mit der Durchführung des Neoabsolutismus hatte Franz Joseph ein Bündnis mit der katholischen Kirche schließen müssen, das Ausdruck im Konkordat von 1855 fand, doch entsprach dieser Vertrag durchaus den Neigungen dieses Mannes. Den Traditionen seiner Familie entsprechend war Franz Joseph überzeugter Katholik, fühlte sich als Schutzherr der Kirche in seinen Ländern und war nur widerstrebend bereit, nach der Einführung konstitutioneller Verfassungszustände von diesem einmal eingenommenen Standpunkt gegenüber der Kirche abzugehen. Zwar mußte er – den Umständen Rechnung tragend – einer konfessionellen Gesetzgebung, die gegen die Einflußnahme der Kirche gerichtet war und die Gleichheitsgrundsätze der Verfassung wenigstens auf diesem Gebiet zu verwirklichen trachtete, zustimmen, zu allen weiteren Schritten war er aber nicht mehr bereit. Nur 1870 stimmte er – einem rechtlich etwas fadenscheinigen Argument folgend – widerwillig der Aufhebung des Konkordats zu. Bei allen weiteren Versuchen der Liberalen, die kirchenpolitischen Fragen im Sinne des Säkularismus zu lösen, verhinderte er durch seine Haltung und in einzelnen Punkten auch durch die Nichtsanktionierung von Gesetzen weitere Schritte gegen die Kirche.

Auch in der Nationalitätenfrage stellte Franz Joseph in vieler Hinsicht ein Hindernis dar für eine Lösung, die allseitige Befriedigung hervorgerufen hätte, wobei er hier eher am gleichen Strange mit den Liberalen und später auch mit den Bestrebungen anderer Parteirichtungen zog. Zwar hatte es die

Dynastie der Habsburger – wie ein amerikanischer Historiker es einmal ausdrückte – vermieden, ihr Schicksal an das Geschick einer der Nationalitäten des Reiches zu binden. Noch Franz I., der Großvater Franz Josephs, hatte gesagt, daß seine Macht auf dem Streit der Nationalitäten aufgebaut sei, doch fühlte sich Franz Joseph weitgehend als deutscher Monarch. Zwar war er auch anderer Sprachen der Monarchie wenigstens im Ansatz mächtig, auch in seinen Briefen an seine Frau, die eine starke Neigung für die Ungarn besaß, verwendete er immer wieder diese Sprache, doch hatte er auch hier mit dem Ausgleich des Jahres 1867 mit den Ungarn einen inneren Schlußstrich gezogen und war allen anderen Nationalitäten nicht so wohlgesinnt. Insbesondere für die Slawen, die ja zusammengenommen die Mehrheit seiner Untertanen stellten, hatte er sichtlich wenig über, sodaß das Problem der Tschechen etwa, die die Anerkennung des böhmischen Staatsrechtes forderten, schließlich auch am Unwillen des Kaisers, einer trialistischen Lösung zuzustimmen, scheitern mußte.

Die Würdigung der Leistungen des Kaisers in der Literatur über die Monarchie hat – sieht man von den ganz loyalen, noch zeitgenössischen panegyrischen Erzeugnissen ab – einerseits sein großes Pflichtbewußtsein, seine unermüdliche Verwaltungsarbeit (er war der geborene Bürokrat) und seinen einfachen Lebensstil (das einfache Feldbett und seine eintönig kärgliche Kost sowie die Sitte, sein Essen rasch zu verschlingen, sodaß man zu Hofbanketten immer satt erscheinen mußte, weil man an der Hoftafel nicht satt werden konnte) immer positiv hervorgehoben. Andererseits hat seine – sicherlich auch altersbedingte, immerhin war er um die Jahrhundertwende schon 70 Jahre alt – Abneigung gegen alle Veränderungen, sein starker Pessimismus und die Furcht vor Entscheidungen und Neuerungen dazu geführt, daß die Probleme der Monarchie nicht beizeiten gelöst werden konnten. Vielleicht hätte eine frühe Inangriffnahme der sozialen und vor allem der nationalen Probleme des Habsburgerreiches dessen Zerfall aufhalten oder gar verhindern können. Doch stehen bekanntlich „Was wäre gewesen, wenn…"-Fragen dem Historiker nicht zu.

Franz Joseph, Sohn des Erzherzogs Franz Karl und der bayerischen Prinzessin Sophie, war seinerseits ebenfalls mit einer Wittelsbacherin namens Elisabeth, genannt „Sissi", verheiratet; obwohl dieser Ehe drei Töchter und ein Sohn entsprossen, war die Verbindung nicht sehr glücklich zu nennen. Franz Joseph hatte mit seiner Familie überhaupt großes Pech. Seine überaus schöne Frau gab dem Kaiser auch manche Probleme aufzulösen, sie haßte die steife Atmosphäre des Hofes, das Repräsentierenmüssen und blieb häufig dem Hofe fern, um in Korfu oder auf den Rennplätzen Europas und ihrem geliebten Gestüt Gödöllö in Ungarn ihre Tage zu verbringen. Ähnlich wie seine Mutter war auch Kronprinz Rudolf ein Freigeist, überaus intellektuell, den Liberalen zugetan und in einem nicht nur generationsbedingten Gegensatz zu seinem Vater stehend – eine Spannung, die sicherlich an seinem tragischen Ende, wie immer man es interpretieren mag, nicht ganz unschuldig war.

Doch die Tragik der Familie zeigte sich vor allem in einer Serie schrecklicher Ereignisse, die den Lebensabend des Kaisers verbitterten. Seine Frau wurde 1898 in Genf von dem italienischen Anarchisten Luigi Lucchseni ermordet. Sein einziger Sohn verübte unter – bis heute den Illustrierten und Amateurhistorikern aller Welt Anlaß zu Spekulationen verwegenster Art gebenden – eigenartigen Umständen in Mayerling Selbstmord. Sein Bruder Ferdinand Maximilian, 1864-1867 Kaiser von Mexiko, wurde von dem Befreier des mexikanischen Volkes Benito Juarez zum Tode verurteilt und in Querétaro erschossen.

Der oft zitierte Ausspruch Franz Josephs: „Mir bleibt nix erspart" ist angesichts dieser Fülle an familiären Tragödien, die dann noch durch die Ermordung seines Neffen und Thronfolgers Franz Ferdinand in Sarajewo 1914 vermehrt wurde – durchaus verständlich.

Ebenso wie der Kaiser selbst waren auch die Mitglieder des Hauses Habsburg-Lothringen kein Thema für die einheimischen satirischen Zeitschriften, obwohl vor allem die Spannungen zwischen dem Kaiser und seinem liberal eingestellten Sohn Rudolf, die Eskapaden der Kaiserin Sissi und auch die Konflikte zwischen Franz Ferdinand und dem Kaiser genügend Aufhänger für Karikaturen geboten hätten. Franz Ferdinand war nicht nur mit einer nicht „standesgemäßen" Frau (der böhmischen Gräfin Sophie Chotek, die dann zur Herzogin von Hohenberg gemacht wurde) in morganatischer Ehe verheiratet, der Thronfolger hatte auch weitgehend andere Vorstellungen von der Gestaltung der Monarchie als sein greiser Onkel. Er sympathisierte politisch mit den Christlichsozialen und im Nationalitätenkonflikt mit den Slawen, erwog eine Autonomie für die Tschechen und auch für die Südslawen und vertrat auch in militärischer und diplomatischer Beziehung andere Ansichten als Franz Joseph.

Zwar folgte Franz Joseph – er starb am 21. November 1916 – noch Karl auf dem „Dornenthron", doch letztlich ist es das Zeitalter Franz Josephs, das den Abgesang der alten Monarchie bedeutete. Er wurde zur Symbolfigur für dieses eigentümliche Staatengebilde, das so blühend aussah unter seiner Herrschaft, das aber doch schon von Sprüngen durchzogen war, durch die es schließlich 1918 zerbrach.

WIRTSCHAFT UND LEBENSWEISE DER BEVÖLKERUNG

Noch zu Beginn des 19. Jahrhunderts war die Habsburgermonarchie in all ihren Teilen ein vorwiegend agrarisch orientierter Staat. Doch das Bauerntum der Monarchie war nicht so stark und selbstbewußt wie in anderen Teilen Europas. Bis zum Jahre 1848 hatten die Bauern im System der Grundherrschaft, das heißt in einer wirtschaftlichen und rechtlichen Abhängigkeit, im Ausgeliefertsein von ihren adeligen oder geistlichen Grundherren gelebt. Dieses aus der alten feudalen Ordnung in die Moderne hineinreichende Relikt, an dem schon im 18. Jahrhundert mit den Reformen Maria Theresias und Josephs II. Sprengversuche angestellt worden waren, sollte nun endgültig beseitigt werden.

Im Zuge der Revolution war eine der Forderungen, die der Reichstag verwirklichte, die nach der Bauernbefreiung; und von all den verschiedenen Maßnahmen des Jahres 1848, die dann zum Großteil der Reaktion zum Opfer fielen, wurde ausgerechnet die Bauernbefreiung übernommen. Sie wurde im Zeitalter des Neoabsolutismus durchgeführt.

Es ist ein wenig paradox, daß die Bauern, die an der Revolution, einer weitgehend städtischen Angelegenheit, ziemlich unbeteiligt waren, am meisten von diesem Ereignis profitierten. Die Bürger hatten für mehr politische Mitsprache gekämpft und waren gescheitert, die Studenten wollten der Freiheit eine Gasse brechen und wurden niedergeknüppelt, die Arbeiter wollten eine menschenwürdige Existenz, eine Linderung ihres elementarsten Elends erreichen und waren zurückgeworfen worden in ihre elenden Wohnungen, zu ihren hungernden Kindern, an ihre unmenschlichen Arbeitsplätze.

Die Bauern hingegen hatten durch die Revolution und die Tatsache, daß der Neoabsolutismus nur diese eine Errungenschaft des Jahres 1848 beließ und durchführte, viel gewonnen. Ihre persönliche Abhängigkeit vom Grundherrn bestand nicht mehr.

Allerdings brachte die veränderte Lage auch Nachteile mit sich. Die Befreiung von den Lasten geschah nicht gratis. Wenn auch die Modalitäten in den einzelnen Kronländern höchst unterschiedlich waren, grundsätzlich bestand das Prinzip darin, daß der Bauer vom Schätzwert des Gutes ein Drittel an den Grundherrn zahlte, ein weiteres Drittel des Wertes zahlte der Staat und auf das letzte Drittel mußte der Grundherr verzichten. Viele Adelsfamilien haben die ungeheuren Summen, die sie durch die Bauernbefreiung einnahmen, klug in anderen Wirtschaftszweigen, etwa in industriellen Unternehmen angelegt, und haben damit zum wirtschaftlichen Aufschwung in der Zeit des Neoabsolutismus wesentlich beigetragen. Die Bauern hingegen, die nun plötzlich eine große Summe zu zahlen hatten, mußten sich in Schulden stürzen, Kredite aufnehmen, viele auch ihre Höfe verkaufen und in die Stadt ziehen, um dort als Arbeiter ebenfalls am wirtschaftlichen Aufschwung mitzuarbeiten – allerdings ohne davon zu profitieren.

Die Grundherrschaft, die bei ihrer Entstehung im Mittelalter ein wechselseitiges Verhältnis darstellte zwischen Grundherrn, der Schutz und Schirm bieten, und Grundunteran, der Abgaben und Leistungen erbringen mußte, hatte sich im Laufe der Neuzeit gewiß sehr zuungunsten der Bauern verändert. Doch blieb ein Rest der ehemals so wichtigen Schutzfunktion des Grundherrn, etwa im Falle von Mißernten und Naturkatastrophen, erhalten. Mit dem Ende dieser feudalen Bindung war auch der Bauer dem freien Spiel der Kräfte in der Wirtschaft ausgesetzt und mußte erst in einem schwierigen und manchmal recht schmerzhaften Lernprozeß versuchen, mit seiner neu erworbenen Freiheit umzugehen.

Der in die Zukunft weisende Bereich der Wirtschaft hingegen, die Industrie, stand zu Beginn des 19. Jahrhunderts gerade erst in ihren Anfängen. Doch schon 1848 haben die Proletarier der Vorstädte Wiens in der Revolution ihre erste politische Rolle gespielt und das Anwachsen ihrer Zahl bedeutete eines der Probleme dieser Monarchie. Zwar war gegenüber Westeuropa die Habsburgermonarchie als schwach industrialisiert zu bezeichnen, doch im Vergleich zur Periode des Vormärz war die Industrialisierung rapide vorangeschritten, insbesondere die Ära des Neoabsolutismus mit ihrer paradoxerweise liberalen Wirtschaftspolitik hat dazu entscheidend beigetragen. Diese Industrialisierung war nicht gleichmäßig über die ganze Donaumonarchie verteilt, in einzelnen Gebieten dominierte noch bis ins 20. Jahrhundert hinein die Landwirtschaft, im wesentlichen konzentrierte sich die Ansiedelung von Fabriken im Nahbereich der Hauptstädte, insbesondere Wiens und Prags, weniger Budapest, und im nordböhmischen Raum, wo die gesamte Schwerindustrie und auch ein Großteil der Textil-, Zucker- und Papierindustrie zusammengeballt war. Subzentren waren die Mur-Mürzfurche und Vorarlberg, die auch heute noch zu den Industriegebieten Österreichs zählen.

Hand in Hand mit dieser Industrialisierung ging natürlich die Entstehung einer ständig wachsenden Zahl von lohnabhängigen Arbeitern, deren Sorgen und Nöte, deren unmenschliche Lebensumstände lange Zeit vernachlässigt wurden, bis sie sich als ein im Rahmen der Gesellschaftsordnung der Zeit nicht mehr lösbares Problem entpuppten. Demgegenüber entstand ein unvorstellbar reiches Bürgertum, dessen Welt – gespiegelt in Literatur und Kunst der Zeit – häufig auch heute noch Anlaß zu Nostalgie nach der „guten alten Zeit" gibt.

Opfer der Industrialisierung waren nicht nur die Arbeiter, mit deren Schweiß und Blut man die triumphalen Bilanzen wirtschaftlichen Aufstiegs schrieb, sondern vielfach auch das Kleingewerbe, das zumindest im städtischen Bereich der übermächtigen Konkurrenz der billigen Massenproduktion erlag und politisch für alle Radikalismen anfällig wurde.

Nachdem man handelspolitisch versucht hatte, die Monarchie (die bekanntlich aus historischen Individualitäten bestand) zu einem einheitlichen Wirtschafts- und Zollraum zu machen, war die franzisko-josephinische Periode vom Versuch, im Außenhandelsbereich erfolgreich zu sein, gekennzeichnet. Die Monarchie, im wesentlichen wirtschaftlich autark – sie verfügte über fast alle Rohstoffe und Lebensmittel –, wies allerdings einen auch für den bescheidenen Lebensstil der großen Masse ihrer Bevölkerung nicht voll ausreichenden Industrialisierungsgrad auf, exportierte vor allem landwirtschaftliche Rohprodukte, während die Einfuhr zu etwa 70% aus Industrieprodukten bestand.

Man kann, die Wirtschaftsdaten der Monarchie zur Quelle

nehmend, die Konjunkturzyklen des 19. und frühen 20. Jahrhunderts zu errechnen versucht. Grob gesprochen ist das Ergebnis einer solchen Analyse, daß nach dem Jahre 1848 eine Konjunkturphase begann, die bis zum Jahre 1873 anhielt. Ihren Höhepunkt erreichte sie ab den 50er Jahren, wo man nicht nur eine für die Wirtschaftsentwicklung günstige „Laissez-faire"-Politik nach liberalem Muster betrieb, sondern auch durch damals noch nicht als solche erkannte konjunkturpolitische Maßnahmen, wie etwa den Bau der Ringstraße und den verstärkten Eisenbahnbau, die Konjunktur anheizte. Die Krise dieser manchmal auch überheizten Wirtschaft kam 1873 mit dem großen Krach, dem eine Periode der Depression folgte, aus der sich die Monarchie bis zu ihrem Ende nicht mehr völlig erholte, wenn auch seit den 90er Jahren eine Art Zwischenkonjunktur zu bemerken ist, die allerdings den Gipfel der „goldenen Jahre" der Gründerzeit nicht mehr erreichte.

Daß die Wirtschaftsentwicklung nicht für alle günstig war – auch nicht in der Zeit ihrer Blüte – ist offensichtlich. Neben den in der Folge zu schildernden Lebensumständen der einzelnen Bevölkerungsgruppen sind zwei Zahlen zu nennen, die wesentlich, wenn auch nicht ausschließlich, mit wirtschaftlichen Situationen zu tun haben. Die Monarchie hat in den Jahren 1898 bis 1913 nicht weniger als 2,9 Millionen Einwanderer in die Vereinigten Staaten gestellt, der Großteil davon Deutsche, Ungarn und Tschechen! Auch die Selbstmordrate in diesem Staat war beachtlich hoch. Am höchsten, da zeigt sich deutlich der wirtschaftliche Faktor, war sie nach 1873 mit über 160 Fällen pro Million, aber auch sonst lag sie weit über dem europäischen Durchschnitt.

Die Lebensumstände der Bevölkerung muß man natürlich nach sozialen Gruppen diffenzieren. Außerhalb des Hofes, der 1870 noch mehr als ein Prozent der Staatseinnahmen (mehr als 3 Millionen Gulden) jährlich verbrauchte, waren sicher Großbürgertum und Aristokratie im Lebensstil führend. Bei den Aristokraten muß man ebenso diffenzieren wie beim Bürgertum, da nicht jeder Adelige ein Esterházy und nicht jeder Großbürger ein Rothschild war. Doch – das zeigen auch die Karikaturen deutlich – war das die Welt des Überflußes mit Dienstpersonal und Kleiderprunk, mit Ringstraßenpalais und Kutschen, mit Opernlogen und Separées, jene Welt also, die uns Film, Operette und Literatur als die allgemeingültige des Fin-de-Siècle in Wien – auch hier muß man die große lokale Diffenzierung bedenken – vorspiegelt.

Im Bereich der bäuerlichen Welt haben Lebensformen, die schon Jahrhunderte alt waren, weitergelebt. Die Häuser wurden in traditioneller Form gebaut, die Rauchstuben waren nicht nur im alpinen Bereich verbreitet, im Winter herrschte mit Ausnahme einiger weniger Räume furchtbare Kälte in diesen Häusern, Kleidung wurde im eigenen Hause aus Flachs hergestellt, und die Nahrung war einförmig und fleischarm, sieht man von Festtagen ab, bei denen in einem unvorstellbarem Maße gegessen und getrunken wurde. Fest und Alltag bildeten noch das, was Jan Huizinga so trefflich die „Spannung des Lebens" nannte.

Noch elender war sicherlich die Lage der Arbeiter, die in kleinen, überbelegten, häufig genug gesundheitsschädlichen Wohnungen lebten – eine Familie mit vielen Kindern und vielleicht noch einigen Bettgehern in einer Zimmer-Küche-Wohnung zum Beispiel. Auch die Ernährung dieser Menschen war entsprechend schlecht, zusammen mit den ungesunden Wohnverhältnissen bewirkte das eine Reihe von typischen Krankheiten wie Rachitis und Tuberkulose, die besonders in diesem Milieu ihre Opfer forderten.

Einige wenige Zahlen aus dem täglichen Leben Wiens um 1910 sollen das eben Angedeutete illustrieren. Ein Arbeiter verdiente etwa 80 bis 100 Kronen im Monat, Frauen, wie etwa Schneiderinnen oder Weißnäherinnen, weniger als die Hälfte, ein Lehrer oder ein Beamter einer mittleren Gehaltsstufe rund 120 bis 140 Kronen im Monat.

Eine Zimmer-Küche-Kabinett-Wohnung knapp außerhalb des Gürtels kostete rund 28 Kronen im Monat, ein Anzug 30 Kronen, Schuhe rund 10 Kronen, ein Damenhut je nach Gegend und Modell 6 bis 50 Kronen; eine Kaisersemmel 2 Heller, ebensoviel kostete ein Ei, ein Liter Milch 10 Heller. Alles in allem rechnete man für eine sechsköpfige Familie, wie sie ja keine Seltenheit war, 50 bis 60 Heller für die tägliche Ernährung. In einem Vorstadtgasthaus kostete ein Krügel Bier 7 Heller, ein Viertel Wein je nach Qualität 10 bis 16 Heller, ein einfaches Gericht wie Gulasch oder Beuschel rund 15 Heller und ein Essen in der Art von Schnitzel oder Schweinsbraten 35 Heller, in der Stadt mußte man für all das schon das Doppelte auslegen.

Wenn man sich diese Zahlen ein wenig überlegt, so muß man die Floskel von der guten alten Zeit der Monarchie und ihrem Symbol und Garanten, dem guten alten Kaiser, der solche materielle Sorgen sicher nicht kannte, in einem anderen Lichte sehen.

DIE LÄNDER DER HABSBURGERMONARCHIE

Am besten kann man Größenordnung und Vielfalt der Monarchie zu begreifen versuchen, wenn man aufzählt, welche Staaten das heutige Europa Anteil an ihrem ehemaligen Territorium haben. Diese Liste reicht von der Sowjetunion über Polen, die Tschechoslowakei, Rumänien, Ungarn, Jugoslawien und Italien bis zum kleinen Österreich. Die alte Monarchie war ein Land, das von den Gletschern der Alpen bis in die Poebene einerseits und weit über die ungarische Tiefebene hinaus andererseits reichte. Sie hatte alle in Europa vorkommenden Landschaftsformen in ihrer Ausdehnung eingeschlossen, und ebenso vielfältig wie die Landschaft waren auch die Menschen und deren Traditionen, die in diesem Staat wohnten.

Die Monarchie war ein Staat, von dem man sich vorstellen kann, daß dort ein Hofstotterlehrer Schionotulander Tatterer von Tattertal, ein Charles Borromé Howniak, ein Pater Eusebius Knjakal, ein Hofzwerg Zephesis Zumpi, ein Jaromir Edler von Eynhuf (Hofsekretär im kaiserlichen Hoftrommeldepot), ein Ingeniun Schröckhendaifl und eine Agathe Fink von Katzenzungen wirklich lebten und nicht nur von der so feinsinnig diesen geistigen Raum erfassenden Phantasie eines Herzmanovsky-Orlando erfunden wurden.

Diese vielen Länder waren nicht immer beisammen gewesen. Kriege, Zufälle der Heiratspolitik und der Expansionswille der Dynastie hatten sie zueinandergeführt, nicht der Wille der Völker oder wenigstens ihrer Repräsentanten, wie es bei dem – zumindest geplanten – Zusammenschluß Europas, mit dem man die Habsburgermonarchie ebenso häufig wie falsch vergleicht, der Fall ist. Dieses „vereinte Europa im Kleinen", wie man es gerne nennt, hatte keinen Willen, ein solches zu sein. Als die Völker aus ihrer Unmündigkeit erwachten, was sich in den Bestrebungen des Nationalismus ebenso ausdrückt wie in denen des Konstitutionalismus, dem Bestreben nach Mitbestimmung durch größere Teile des Volkes, strebten sie nicht zueinander, sondern auseinander, wollten sie kein vereinigtes Reich, sondern demokratische Nationalstaaten.

Wie vielfältig und unterschiedlich auch die Rechtszustände und die Geschichte der einzelnen Territorien war, demonstriert vielleicht am eindrucksvollsten der sogenannte „große Titel" Kaiser Franz Josephs, der eine weitgehend vollständige Aufzählung aller von ihm ausgeübten Herrschaftsrechte enthält:

Franz Joseph I., von Gottes Gnaden Kaiser von Österreich; König von Ungarn und Böhmen, König der Lombardei und Venedigs, von Dalmatien, Croatien, Slawonien, Galicien, Lodomerien und Illyrien; König von Jerusalem etc.; Erzherzog von Österreich; Großherzog von Toscana und Krakau; Herzog von Lothringen, von Salzburg, Steyer, Kärnthen, Krain und der Bukowina, Großfürst von Siebenbürgen; Markgraf von Mähren; Herzog von Ober- und Niederschlesien, von Modena, Parma, Piacenza und Guastalla, von Auschwitz und Zator, von Teschen, Friaul, Ragusa und Zara; gefürsteter Graf von Habsburg und Tirol, von Kyburg, Görz und Gradiska; Fürst von Trient und Brixen; Markgraf von Ober- und Niederlausitz und Istrien; Graf von Hohenembs, Feldkirch, Bregenz, Sonnenberg etc.: Herr von Triest, von Cattaro und auf der windischen Mark; Großwojwod der Wojwodschaft Serbien etc. etc.

Dieser zitierte Titel, der aus dem Beginn der Regierungszeit Franz Josephs noch vor dem Ausgleich mit Ungarn und vor dem Verlust der italienischen Territorien stammt, enthält natürlich auch sogenannte „Anspruchtitel", das heißt Titel von Ländern, die real gesehen nicht von diesem Monarchen beherrscht wurden; der wichtigste davon war der traditionsreiche, über die Normannenherrschaft Süditaliens dorthin und dann weiter nach Spanien und von da in den Habsburgertitel gelangte eines „Königs von Jerusalem". Doch nicht nur diese Anspruchstitel sind ein Symbol dafür, daß die Gesamtmonarchie mehr im Kopf – wie alle wahren Abenteuer – und auf der Landkarte als in der Realität existierte. Real gesehen waren die historischen Individualitäten, die Kronländer, Basis von Macht, Herrschaft und Verwaltung.

Historisch, aber auch verwaltungsmäßig, kulturell etc. bildeten den Kern dieser Vielfalt die sogenannten Erbländer, die im großen gesehen die heutige Republik Österreich umfaßten. Allerdings waren dabei auch heute italienische Gebiete wie die Provinz Trento-Alto Adige (Südtirol) sowie große Teile des nördlichen Jugoslawien, die historisch gesehen zu den Herzogtümern Steyer und Kärnten gehörten, oder als Provinz Krain und Küstenland einen weitgehend von slowenischer Bevölkerung bewohnten, aber schon seit dem Mittelalter eng mit den sogenannten „deutschen Erblanden" verbundenen Raum darstellten. In diesen Erblanden lag das Zentrum der Monarchie schlechthin, die Haupt- und Residenzstadt Wien, die durch die Tatsache, daß seit der Zeit des Kaisers Matthias zu Beginn des 17. Jahrhunderts alle habsburgischen Herrscher hier residiert hatten, überregionales Zentrum geworden war. Der Hof zog seit dem 17. Jahrhundert den Adel nach Wien, der hier seine Paläste baute und der Stadt damit ihr Gepräge gab. Die Konzentrierung der Verwaltung des Riesenreiches in der Stadt Wien fand ihren Niederschlag in verschiedenen Verwaltungsbauten und – sozial gesprochen – in der Ausbildung einer aus Adel und Bürgertum zusammengesetzten Bürokratie, die für die Stadt so charakteristisch werden sollte, daß auch heute – lange nach dem Ende der alten Staatsform und des Hofes – noch Hofräte neben den Sängerknaben und den Lippizanern als Charakteristikum, wenn schon nicht als Sehenswürdigkeit der Stadt gelten. Auch wirtschaftlich, aber viel mehr noch kulturell, war Wien ein Zentrum, mit dem die anderen großen Städte der Monarchie – allen voran Budapest und Prag – letztlich doch nicht ganz mithalten konnten, so sehr dies diesbezüglichen Bestrebungen, insbesondere gegen Ende des 19. Jahrhunderts, betont werden müssen. Es fehlte ihnen die alles überstrahlende Kraft des Hofes.

Der zweite große Komplex an Ländern war seit dem Beginn des 16. Jahrhunderts unter habsburgischer Herrschaft, die Länder der Wenzelskrone, Böhmen, Mähren und Schlesien. Seit dem gescheiterten Aufstand der böhmischen Stände am Beginn des 30-jährigen Krieges, der mit ihrer Niederlage in der Schlacht auf dem Weißen Berg/Bílá Hora endete, und der Reaktion darauf, der „Vernewerten Landesordnung" Ferdinands II. von 1627, waren diese Länder Erbkönigreich der Habsburger. Der wirtschaftlich reichste Teil dieses Länderkomplexes, Schlesien, ging allerdings großteils im österreichischen Erbfolgekrieg am Beginn der Herrschaft Maria Theresias verloren, sodaß den Habsburgern nur noch einige Fürstentümer, genannt Restschlesien, verblieben. Diese Länder der Wenzelskrone beanspruchten – und ihre Forderungen verstärkten sich mit der Entwicklung des Nationalismus – eine gewisse Eigenständigkeit, die sich in der Forderung nach der Anerkennung des „böhmischen Staatsrechtes" – wie die Deutschen es bösartig bezeichneten: mittelalterlicher Feudalrechte – ausdrückte. Doch setzten sich die Böhmen letztlich aus wenigstens zum Teil im Historischen liegenden Gründen nicht durch, ihre Widerstandskraft schien seit 1620 gebrochen, mit ihrem politischen Aufstand rechnete man – wie sich bis 1918 zeigte, nicht zu Unrecht – in Wien nicht.

Viel vorsichtiger mußte man da den dritten großen Partner in dieser Monarchie, die Länder der Heiligen Stephanskrone, behandeln. Gemeinsam mit Böhmen wurde Ungarn 1526 von den Habsburgern erworben, aber nur theoretisch, denn durch eine Doppelwahl und das Eingreifen der Osmanen konnte nur ein Bruchteil des Landes wirklich in Besitz genommen und verwaltet werden, den Rest eroberten die Habsburger erst Ende des 17. Jahrhunderts von den Osmanen. Doch zu diesen außenpolitischen Schwierigkeiten mit einem damals übermächtigen Nachbarn, dem Sultan, kamen auch innere Probleme, die ihre Auswirkungen bis in die franzisko-josephinische Epoche hatten. Die Geschichte der Beziehungen zwischen den habsburgischen Königen von Ungarn und ihrem Staatsvolk, repräsentiert durch die ungarische Adelsnation, ist eine Folge von Aufständen, die 1527 mit der Doppelwahl begann und sich in langer Reihe bis 1848 hinzog. Die beste Illustration der Beziehung der Ungarn zu ihrer Geschichte stellt das sogenannte Millenniumsdenkmal in Budapest dar, das man 1896 anläßlich der 1000-jährigen Wiederkehr der Landnahme durch die Magyaren zu errichten begann. Kein einziger habsburgischer König ist dort vertreten, dafür stehen sie da, eherne Schulter an eherner Schulter, die Aufständischen und Revolutionäre aller Perioden, Zápolya und Bocskay, Bethlen Gabor und Rákoczi, ja sogar Kossuth, der im Jahre 1848 in Abwesenheit zum Tode Verurteilte – und das alles zur Regierungszeit der Habsburger, vor ihren Augen. Justament!

Es ist daher kein Wunder, daß es einzig und allein diese unruhigen, dynamischen Ungarn geschafft haben, am Kuchen der Macht in der franzisko-josephinischen Zeit mitzunaschen. Seit dem Jahre 1867, nach dem sogenannten Ausgleich, ist die Monarchie eine Doppelmonarchie geworden, die österreichisch-ungarische, bestehend aus dem Königreich Ungarn und seinen Nebenländern (Kroatien und Slawonien sowie Fiume-Rijeka) und einem Land, das einen überaus komplizierten Namen trug, nämlich „die im Reichsrat vertretenen Königreiche und Länder", das aber kurz und informell Cisleithanien (die links der Leitha gelegenen Gebiete) oder auch die westliche Reichshälfte oder auch Österreich genannt wurde. Damit war der sogenannte Dualismus entstanden, der für eines der Probleme der Monarchie – die Unzufriedenheit der Ungarn – zwar eine halbwegs akzeptierte Lösung geschaffen hatte, dafür aber viele andere Schwierigkeiten mit sich brachte.

Zu den „im Reichsrat vertretenen Königreichen und Länder" gehörten außer den Erblanden und den Ländern der Wenzelskrone noch drei weitere historische Individualitäten: das 1772 aus der polnischen Teilung erworbene Königreich Galizien und Lodomerien, ein armes Bauernland mit internem nationalen Zwist zwischen Polen und Ruthenen, und das bevölkerungsmäßig bunt gemischte, wenig später erworbene Herzogtum Bukowina, sowie das aus der Konkursmasse der Republik Venedig stammende Königreich Dalmatien, die adriatische Küste mit ihren alten Stadtrepubliken wie Split oder Dubrovnik, das die Italiener, die wirtschaftlich, wenn auch nicht nach Bevölkerungsstärke dieses Gebiet dominierten, Ragusa nannten.

Am Beginn der Regierungszeit Kaiser Franz Josephs gehörte noch das lombardo-venezianische Königreich – teils Erwerb aus dem spanischen Erbe, teils aus den napoleonischen Kriegen stammend – zum Besitzstand der Habsburger, sowie auch verschiedene italienische Fürstentümer, die von jüngeren Linien des Hauses regiert wurden. Alle diese Gebiete, wirtschaftlich reich und kulturell hochstehend, verlor die Monarchie in zwei unglücklichen Kriegen; was sie gleichsam als späte Kompensation gewann und was beide Reichsteile im Sinne des Dualismus gemeinsam verwalteten war kein wirklicher Ersatz für die Lombardei und für Venezien: die kargen, von Schafhirten und Briganten durchzogenen, früheren osmanischen Provinzen Bosnien und die Herzegowina, die letzte Gebietserweiterung der schon sterbenden Monarchie.

EINIGE INFORMATIVE DATEN

Statistiken und Zahlen sind sicherlich weitaus langweiliger als Karikaturen, das wird niemand bestreiten. Dennoch tragen sie zum Verständnis der Zustände eines Staates mindestens ebensoviel bei, wie die für einzelne Fragen so informativen Karikaturen, – gleichsam Blitzlichtaufnahmen der Vergangenheit.
Wenn der Historiker sich mit der Habsburgermonarchie in der francisko-josephinischen Epoche auseinandersetzen will, kann er verschiedene Ausgangspunkte und Methoden wählen, dynastische, wie es die ältere Literatur häufig tat, politische und ereignisgeschichtliche, wie sie bis in die Gegenwart hinein vorherrschend sind, oder strukturgeschichtliche, wie sie – bösartig ausgedrückt – in letzter Zeit „in Mode" gekommen sind. Wir haben zwar einen noch viel witzigeren Ausgangspunkt – den der Karikatur – gewählt, müssen aber das Hintergrundwissen über diesen Staat, von dem wir sprechen, wenigstens mit einigem wichtigen Zahlenmaterial präsentieren.
Die österreichisch-ungarische Monarchie hatte 1914 eine Fläche von 676.615 km², während die heutige Republik Österreich 83.855 km² umfaßt. Von diesem Gebiet entfielen auf die westliche Reichshälfte, Cisleithanien, 300.004 km² und auf die ungarische Reichshälfte 325.411 km², dazu kam noch das gemeinsam verwaltete Bosnien-Herzegowina mit 51.200 km².
In diesem Territorium lebten nach den Ergebnissen der Volkszählung des Jahres 1911 insgesamt 52,8 Millionen Einwohner, 29,2 in Cisleithanien, 21,5 in Ungarn und seinen Nebenländern und 2,1 Millionen in Bosnien-Herzegowina. Die Bevölkerungsdichte, die im Schnitt 78 Einwohner pro Quadratkilometer betrug, war in verschiedenen Reichsteilen sehr unterschiedlich, in Cisleithanien betrug sie 97 (das heutige Österreich hat 90), in Ungarn hingegen nur 66 und in Bosnien-Herzegowina gar nur 40 Einwohner je km².
Dieser Bevölkerungsstand der ausgehenden Monarchie war das Ergebnis eines rasanten Wachstumsprozesses. Im 18. Jahrhundert hatte die – allerdings in ihrer territorialen Erstreckung etwas anders aussehende – Monarchie nur etwa 20 Millionen Einwohner; 1851 etwa hatte Cisleithanien 17,5 Millionen Einwohner, eine Zahl, die bis zum Ende der Monarchie auf über 29 Milionen anwachsen sollte. Die Geburtenüberschußraten dieses Staates – zurückgerechnet auf das heutige österreichische Territorium liegen daher auch beachtlich hoch, in einer Größenordnung, die sich zwischen 3,5 und 8,4 bewegt – im Vergleich dazu hat das heutige Österreich eine Zuwachsrate von 0,9.
Stefan Zweig hat die letzten Jahre dieses Staates das goldene Zeitalter der Sicherheit genannt, seine Aussage wird geradezu von der Statistik bestätigt. Die Alterspyramide zeigt einen regelmäßigen und symmetrischen Aufbau, die großen Einbrüche durch Kriegsverlust, kriegs- oder krisenbedingte Geburtsausfälle, wie es die heutige Alterspyramide zeigt, fehlen. Durch das starke Wachstum der Bevölkerung war der Anteil der Jungen weitaus höher als heute; die bis Vierzehnjährigen machten im Jahre 1880 29% der Bevölkerung aus (heute 20,0%), die 15- bis 29jährigen 26,9% (heute 23,6%). Die höhere Lebenserwartung spiegelt sich ebenfalls in diesen Zahlen: waren 1880 9% über 60 Jahre alt, so sind es heute 19,2%. Noch eindrucksvoller ist das bei den Menschen, die 80 Jahre oder älter sind: 1880 waren das bei den Männern 0,4%, bei den Frauen 0,5%, während es heute bei den Männern 1,6% und bei Frauen sogar 3,7% sind, die ein so hohes Alter erreichen.
Die Lebenserwartung bei der Geburt war daher auch entsprechend niedrig: im Schnitt der Jahre 1865-1875 lag sie bei Männern bei 30,4 Jahren, bei Frauen bei 33,1 Jahren, während sie heute mehr als doppelt so hoch ist (69,2 bzw. 76,4 Jahre). Auffallend ist dabei die fast noch gleiche Lebenserwartung von Männern und Frauen im 19. Jahrhundert, die auch einer ausgeglichenen Proportion in der Gliederung nach dem Geschlecht entspricht, 1880 waren 50,6% der Bevölkerung weiblich (heute sind es 52,7).
Dieses Bevölkerungswachstum erfolgte, obwohl die Säuglingssterblichkeit für unsere Begriffe noch unvorstellbar hoch war. Wir haben für das Gebiet des heutigen Österreich – sicherlich eines der kultiviertesten und urbanisiertesten Gebiete der Monarchie – 1870 eine Säuglingssterblichkeit von 289 Todesfällen auf 1000 Lebendgeburten, die Zahl liegt 1910 bei 184, heute ist sie auf 17,2 gefallen. Beachtlich ist auch die Quote der unehelichen Geburten, die sich aus sozialen Ursachen erklären läßt, nicht zuletzt dadurch, daß das Gesinde nicht heiraten konnte, aber deshalb natürlich nicht völlig enthaltsam leben wollte und konnte. Mangelnde Empfängnisverhütungsmethoden und fehlende Aufklärung taten ein übriges. So waren im Gebiet des heutigen Österreich 21,7% der Lebendgeborenen unehelich. In anderen Gebieten der Monarchie, wie etwa Bosnien und Herzegowina, die nicht diesem sogenannten „European pattern of marriage" folgten (bei dem das durchschnittliche Heiratsalter sehr hoch lag und die Zahl unehelicher Geburten ebenfalls), war die Situation anders. In diesen Gebieten lag das Heiratsalter niedrig, dafür wurde großer Wert auf Jungfräulichkeit bei der Eheschließung gelegt, was natürlich zu weniger unehelichen Geburten führen mußte.
Das Wachstum der Bevölkerung war natürlich kein gleichmäßiges, im großen gesehen wuchs die ländliche, bäuerliche Bevölkerung schneller als die der Städte, die durch Zuwanderung vom Lande zunahm. So machte die Bevölkerung Wiens gemessen an dem Gebiet des heutigen Österreich 1869 20%, aber 1910 schon 31,1% aus. Diese große Steigerung ist nur durch die Zuwanderung, nicht zuletzt aus dem böhmischen Raum (fast ein Zehntel der Wiener hatte Tschechisch als Muttersprache), erklärlich. Besser als alle Statistiken informiert hier ein Blick ins Wiener Telefonbuch – oder auf den Namen des Verfassers dieses Buches!
Eine weitere Ungleichmäßigkeit des Wachstums führt uns tief hinein ins Nationalitätenproblem und die unterschwelligen oder auch bewußt ausgesprochenen Ängste der Deutschen, im „Kampf der Wiegen" gegen die Slawen zu unterliegen. Zwar stimmt dieser Eindruck statistisch gesehen für Böhmen selbst nicht ganz, wo die Zuwachsraten etwa gleich hoch sind in den tschechischen und den deutschen Bezirken, in Restschlesien und Mähren allerdings liegen die Zuwachsraten in den slawisch dominierten Reichsteilen fast doppelt so hoch wie in den deutschsprachigen.
Damit wären wir mitten in einem Zentralproblem der Habs-

burgermonarchie, der Nationalitätenfrage, die auch in den Karikaturen reichsten Niederschlag gefunden hat. Einige trockene statistische Angaben sollen das später noch in seinen politischen Konsequenzen ausgeführte Problem beleuchten. In der cisleithanischen Reichshälfte lebten folgende Nationalitäten:

Deutsche 36% - Tschechen 23% - Polen 16% - Ruthenen 13% - Slowenen 5% - Kroaten 3% - Italiener 3% - Rumänen 1%

Wie man aus der kleinen Tabelle ersehen kann, hatten die Deutschen zwar die relative Majorität in dieser Reichshälfte, aber dennoch sind 60% der Bevölkerung Slawen gewesen, die – ein gerechtes Wahlsystem und eine gemeinsame Politik vorausgesetzt – die deutsche Vormacht brechen hätten können. Ähnliche Verhältnisse herrschten in den Ländern der Heiligen Stephanskrone, in Ungarn mit seinen Nebenländern:

Ungarn 43% - Serben und Kroaten 15% - Rumänen 15% - Deutsche 12% - Slowaken 11% - Ruthenen 2% - Slowenen 1% - Sonstige 1%

Am einfachsten waren dagegen, was die Sprachzugehörigkeit betrifft (das Problem war hier eher die Vielzahl der Religionen, von denen später die Rede sein wird), die Verhältnisse in Bosnien und der Herzegowina. 97% der Bevölkerung sprachen Serbokratisch als Muttersprache, 2% waren Deutsche und 1% Sonstige.

Der Anteil der Juden an der Bevölkerung der Monarchie – so wichtig, weil auch sie eine der Gruppen waren, um die heftiger Streit im Rahmen des Anwachsens des Antisemitismus tobte – kann nicht aus der Nationalitätenstatistik, sondern nur aus der Religionsstatistik errechnet werden. Nicht, wie schon unter Schönerer und später dann mit so unmenschlichen Folgen unter den Nationalsozialisten, „rassische", sondern rein religiöse Faktoren sind hier für die Statistik entscheidend gewesen. Alle jene jüdischen Familien, die die „Eintrittskarte" in die bürgerliche Welt bezahlt hatten und eine christliche Konfession angenommen hatten, die aber den Antisemiten vom Typ eines Schönerer dennoch als Juden galten, sind hier nicht erfaßt, sie sind in der Statistik meist als Deutschsprachige oder Ungarischsprechende ausgewiesen. Der Anteil der Israeliten an der Bevölkerung der Habsburgermonarchie liegt im Schnitt bei 4,5%, wobei er in einzelnen Landesteilen, wie etwa in Galizien, weitaus höher lag als etwa in den Erblanden, sieht man von der Haupt- und Residenzstadt Wien ab.

Nur wenige Kronländer wiesen eine sprachlich weitgehend einheitliche Bevölkerung auf, wie etwa Niederösterreich (sieht man wieder von Wien ab), Oberösterreich und Salzburg, das rein deutschsprachig waren. Die anderen (heutigen) Bundesländer waren gemischtsprachig, da sie Gebiete, die heute nicht mehr österreichisches Staatsgebiet sind, mitumfaßten. Manche Kronländer wie Schlesien (47% Deutsche, 30% Polen, 23% Tschechen) oder die Bukowina (42% Ruthenen, 32% Rumänen, 21% Deutsche sowie 5% Sonstige) waren da weitaus bunter und vielgestaltiger.

Ähnlich wie die Nationalitäten waren auch die Religionen der Angehörigen dieses Staates sehr verschieden, wenn auch die Religionsprobleme nicht jene Rolle spielten, die den Nationalitäten zukam. Allerdings ist zu bedenken, daß bei dem, was man als Nation definieren muß, auch der Konfession – teils historisch gesehen, teils im Bewußtsein der Menschen der franzisko-josephinischen Epoche – eine wesentliche Rolle zukam. So etwa bei der Differenzierung von Serben und Kroaten, die im wesentlichen auf den Unterschied zwischen Orthodoxen, die cyrillisch schrieben, und Lateinern oder Katholiken, die sich unseres Alphabetes bedienten, zurückgeht. Auch bei der sprachlich einheitlichen Bevölkerung Bosniens und der Herzegowina war die konfessionelle Zugehörigkeit wesentlich: 1879 waren 42,8% orthodox, 38,7% mohammedanisch und 18% katholisch gewesen.

Die Religionszugehörigkeit veränderte sich im Laufe der Zeit ein wenig, so daß hier zwei Zahlen angegeben werden sollen. Die erste bezieht sich in der cisleithanischen Reichshälfte auf das Jahr 1869, die zweite auf den Zustand des Jahres 1910:

Römisch-katholisch	80,3	78,8
Griechisch-katholisch	11,5	11,9
Griechisch-orthodox	2,2	2,3
Evangelisch (AB und HB)	1,7	2,0
Israelitisch	4,3	4,6

Interessant ist vielleicht auch noch, daß 0,07%, also letztlich ein verschwindender Prozentsatz der Bevölkerung im Jahre 1910 konfessionslos war – ein Zustand, der erst nach den Religionsgesetzen von 1868 rechtlich möglich war; es waren – in absoluten Zahlen ausgedrückt – 20.789 Menschen. Auch die aus Protest gegen die Annahme des Dogmas der päpstlichen Unfehlbarkeit durch das Vatikanische Konzil 1870 entstandenen Altkatholiken lagen etwa in dieser Größenordnung, mit 0,08% der Bevölkerung hatten sie nur wenig mehr Mitglieder, als es Konfessionslose in Österreich gab.

Für die ungarische Reichshälfte beziehen sich die beiden Zahlen auf den Stand von 1857 und den von 1910

Römisch-katholisch	47,0	52,1
Griechisch-katholisch	10,1	9,7
Reformierte	20,8	19,0
Griechisch-orthodoxe	17,9	14,3
Israelitisch	3,2	4,5

Weitaus schwieriger und komplexer wird die Situation, wenn wir uns dem Versuch zuwenden, die sozialen Strukturen dieses Staatsgebildes durch einige Zahlen begreifbar zu machen, da im Gegensatz zur Religion oder – wenn auch mit Einschränkungen – zur Nationalität keine so eindeutigen Parameter mehr vorliegen.

Im Jahre 1900 waren von der Gesamtbevölkerung der Monarchie 52% in der Land- und Forstwirtschaft, 27% in der Industrie und im Gewerbe, 10% im Handel und 11% im öffentlichen Dienst, unter Militär und in freien Berufen tätig; die letzte Zahl umschließt auch die Berufslosen. Insgesamt waren 54% der Bevölkerung berufstätig, 20% als Arbeiter und Taglöhner, was den immer steigenden Industrialisierungsgrad der Monarchie spiegelt. Interessant ist auch und charakteristisch für die „gute alte Zeit", die eben nur für die Reichen wirklich gut war, daß 2% der Berufstätigen Diener und Dienstboten waren.

Selbstverständlich waren bei einem so großen Wirtschaftsgebiet, wie dem der Donaumonarchie, regionale Unterschiede bedeutend. Vor allem der Anteil der in der Landwirtschaft

Tätigen macht die Strukturunterschiede deutlich: bei den Deutschen waren 33,5% auf diesem Gebiet beschäftigt, bei den Ungarn 95%, bei den Rumänen 90%, bei den Serben und Kroaten 87%, bei den Slowenen 75%, bei den Polen 65,5% und bei den Tschechen 43%.

Betrachtet man ausgewählte Anteile der Bevölkerung deutscher und ruthenischer Muttersprache in den verschiedenen Wirtschaftsbereichen, so zeigen sich deutliche soziale Differenzierungen:

Landwirtschaft	33,45	93,32
Industrie und Gewerbe	36,39	2,52
Öffentlicher Dienst	17,10	2,46

Bei diesem Vergleich muß man auch noch bedenken, daß in der Kategorie Öffentlicher Dienst auch die Soldaten, also auch einfache ruthenische Rekruten eingeschlossen sind, nicht nur die Staatsbeamten.

Einige Zahlen, die ungarische Reichshälfte betreffend, lassen auch ahnen, wie geringfügig der Anteil des Adels an der Bevölkerung war, der politisch gesehen eine so hervorragende Rolle zu spielen imstande war. Die Adeligen sind wohl zum großen Teil den Großgrundbesitzern, die 0,4% der Bevölkerung ausmachen, zuzuordnen; auch unter den 3,8% Beamten, Offizieren und Intellektuellen, stammen Teile aus dem Adel der ersten und zweiten Gesellschaft. Dabei war in Ungarn mit seinem regional so stark dominierenden Komitatsadel der Anteil dieser sozialen Gruppe sicher höher als in anderen Ländern.

Einige Zahlen über den Bildungsstand sollen das Bild der Strukturen dieses Staatsgebildes noch abrunden. In den Jahren 1912/1913 gab es in Cisleithanien insgesamt 565 höhere Schulen, davon waren 105 Mädchenschulen. Insgesamt besuchten 165.238 Schüler diese Anstalten, davon wieder 15.848 – also weniger als 10% – Mädchen. Aufschlußreich ist auch die Verteilung der Schüler nach ihren Muttersprachen:

Deutsch 42,4 - Tschechisch 21,6 - Polnisch 21,1 - Ruthenisch 6,1 - Italienisch 3,9 - Slowenisch 2,9 - Serbokratisch 1,1 - Rumänisch 1,1 - Ungarisch 0,2 -

Man sieht auch daran, daß aus sozialen Gründen die Deutschen im Verhältnis zu ihrer Gesamtzahl innerhalb der Bevölkerung deutlich überrepräsentiert waren, wenn auch sicherlich am Beginn der Regierungszeit Franz Josephs – aus der kein genaueres Zahlenmaterial vorliegt – dieses Mißverhältnis noch weitaus krasser war.

Zu den großen Bildungsunterschieden mögen vielleicht noch zwei Zahlen illustrativ beitragen: die Analphabetenrate war hoch. Der Prozentsatz jener, die nicht Lesen und Schreiben konnten, betrug bei den Tschechen 2,38, bei den Deutschen 3,12, bei den Slowenen 14,65, bei den Polen 27,36, hingegen aber bei den von ihrer sozialen Entwicklung her so behinderten Ruthenen 61,03.

Bei den Absolventen höherbildender Schulen (Gymnasien, Realschulen und Fachschulen) zeigen sich deutliche Unterschiede zwischen den beiden Reichshälften; in Cisleithanien waren es, bezogen auf 100.000 Einwohner, 1.619, in Ungarn 1.227 Menschen, die eine solche Schule absolviert hatten. Noch gravierender ist der Gegensatz bei den Hochschulabsolventen, wo einander 149 Absolventen in der westlichen und 90 in der östlichen Reichshälfte, wieder gerechnet auf je 100.000 Einwohner, gegenüberstanden. Zum Vergleich seien die heutigen Zahlen für Österreich genannt: höhere Schulbildung 7.200, Hochschulabsolventen 3.400.

Sicherlich, die statistischen Daten sind weniger amüsant als Karikaturen, aber sie machen vielleicht deutlicher die Strukturmängel, die enormen Schwierigkeiten und Disparitäten in diesem buntzusammengewürfelten Staat klar; sie machen auch in vielem, wenn man sie im Hinterkopf hat, die Karikaturen erst verständlich und manchmal vertiefen sie die Betroffenheit, die manche der zunächst so nett wirkenden Zeichnungen auch heute noch auslösen.

KARIKATUREN ALS QUELLEN

Bilder haben für den Historiker von heute, der in einer Welt visueller Medien lebt, eine zweifache Bedeutung. Einerseits wurde gerade in den letzten Jahren zunehmend der Quellenwert der Bilder erkannt und in seiner Bedeutung gewürdigt, sie sind ergänzend, fast gleichbedeutend an die Seite der schriftlichen Quellen getreten. Andererseits dienen bildliche Quellen der Vergangenheit auch der Illustration, der Visualisierung, dem Sichtbar- und Handgreiflichmachen von Geschichte und Vergangenheit.

In diesem Prozeß der Visualisierung nimmt die Karikatur einen ganz besonderen Platz ein, von ihrer Eigenart her ist sie Momentaufnahme einer politisch-gesellschaftlichen Situation und Illustration derselben im gleichen Augenblick.

Wie die Anekdote ist auch die Karikatur eine konturierte Umschreibung einer Situation der Tagespolitik oder einer gesellschaftlichen Entwicklung, die auf einer scherzhaften Auffassung, auf einem Witz, einem Spiel mit Begriffen beruht. Oftmals erhellt eine solche Anekdote – oder ihre visualisierte Form, die Karikatur – gleichsam wie eine Blitzlichtaufnahme eine überaus komplexe Situation.

Karikaturen im eigentlichen Wortsinn, wie wir den Begriff heute verstehen, gibt es erst seit dem vorigen Jahrhundert. Schon davor aber hatte es Ähnliches gegeben; im alten Ägypten finden sich karikierte Zeichnungen, im Mittelalter die Ständekarikaturen, und dann ab der frühen Neuzeit – gleichsam in einer weiteren Entwicklungsstufe dieser Kunst – gibt es eine Reihe von Karikaturen, die die Kirche oder auch den Staat treffen wollten. Doch die Karikatur im modernen Sinne setzt etwas voraus, was erst im 18. Jahrhundert in Westeuropa – bei uns dann noch mit einiger Verzögerung – entstand: die „bürgerliche Öffentlichkeit" und als deren menschliche Träger eine Bourgeoisie. Bürgerliche Öffentlichkeit ist unmittelbar verbunden mit der Entstehung und Verbreitung von Zeitungen, wohlgemerkt von Zeitungen im modernen Sinne. Und ein Bestandteil dieser Medienlandschaft, wie man das modern nennen würde, waren auch satirische Blätter, die von der Karikatur lebten. Die Zeitschrift „Caricature" etwa in Paris, die als Karikaturisten niemand geringeren als Honoré Daumier beschäftigte, und der in unserem Raum immer wieder plagiierte „Charivari" sind für diese Frühgeschichte ebenso bedeutend wie der „Punch" in England und die „Fliegenden Blätter" in München.

Es ist mehr als ein Zufall, daß die Geschichte der satirischen Presse und damit automatisch auch der Zeitungskarikatur in der Habsburgermonarchie mit dem Jahre 1848 beginnt. Oberflächlich gesehen war es natürlich auch im Vormärz streng gehandhabte Zensur, die das Erscheinen von satirischen Zeitschriften, die ja definitionsgemäß eine kritische Tendenz haben müssen, verhinderte. Aber dahinter steckt natürlich auch die Rückständigkeit der Habsburgermonarchie in wirtschaftlicher und gesellschaftlicher Hinsicht. Erst spät und zögernd war es zu einer Industrialisierung gekommen und damit auch erst spät zur Ausbildung einer Bourgeoisie, die Voraussetzung der bürgerlichen Öffentlichkeit war.

Das Jahr 1848 also, als dieses Bürgertum der Habsburgermonarchie erstmals aus seiner Lethargie, in die es im Vormärz gefallen war, aufwachte und versuchte, Einfluß auf die Politik zu nehmen, war auch die große Stunde der satirischen Presse. Mit dem allgemeinen Aufschwung des Pressewesens begannen eine Unmenge von satirischen Zeitschriften zu erscheinen; viele von ihnen kamen über die erste oder einige wenige Nummern nicht hinaus. Die „Wiener Katzenmusik", der „Charivari", der „Satan", die „Rothe Mütze", der „Politische Esel" mit dem charakteristischen Untertitel „Tag-, Klatsch-, Schmäh- und Schimpfblatt", „Schwefeläther" oder der „Wiener Krakeler" waren nur einige der Titel, die es wenigstens zu mehr als einer Nummer brachten. Viele dieser Blätter führten in Anbetracht der revolutionären Situation eine harte und scharfe Sprache, wie sie uns später in den satirischen Zeitschriften der zweiten Hälfte des Jahrhunderts kaum mehr begegnen wird. Vor allem gab es von seiten der Radikalen auch Angriffe gegen den „Bürger Ferdinand, auch Kaiser genannt, den man einmal Hängen sehen wollte – von Gottes Gnaden", ein antidynastischer Radikalismus, wie er später nicht mehr möglich war. Anders als in den Zeitschriften der westeuropäischen Länder hatten zumindest die führenden Witzblätter der Monarchie den Kaiser und die Dynastie, wie schon festgestellt, weitgehend aus der Karikatur ausgenommen. Neben diesen radikal linken Witzblättern gab es 1848 auch konservative Blätter, wie etwa die „Geißel", die allerdings keine Karikaturen enthielt, doch kann allgemein gesagt werden, daß der Konservatismus schon aus systemimmanenten Gründen nicht so sehr zur Karikatur und Persiflage neigte, wie es die kritischen, auf Veränderung abzielenden Richtungen der Liberalen und dann später auch der Linken taten.

Nach dem Ende der Revolution hatte man in den Witzblättern nichts zu lachen, dennoch gründete ein Mann, dessen Wirken auf diesem Sektor prägend war, nämlich Karl Sitter, 1849 ein neues Witzblatt, den „Punch", der allerdings in der Zeit des Neoabsolutismus nicht von langer Lebensdauer war. Sitter wurde auf Veranlassung des Wiener Stadthauptmannes Theodor Weiß von Starkenfels zwangsweise zum Militär abgestellt und in eine böhmische Strafkompanie gesteckt, wo er 23 Jahre lang als Gemeiner dienen sollte. Durch eine Intervention beim Minister Bach schließlich konnte er aus dieser schrecklichen Situation befreit werden. Sitter war es schließlich, der, knapp vor dem Beginn der Liberalisierung in Österreich das bedeutendste satirische Blatt der Monarchie überhaupt, den „Figaro", gründete. Diese Zeitschrift, die einen deutschliberalen Standpunkt vertrat, durchaus aber gegenüber der eigenen Parteirichtung mit Kritik nicht sparte, war ohne Zweifel das niveauvollste der Witzblätter der späten Habsburgermonarchie, das auch die qualitätvollsten Karikaturen aufzuweisen hatte. Es ist daher kein Zufall, daß die Mehrzahl der in diesem Band abgebildeten Karikaturen dieser Zeitschrift entstammt. Sitter leitete dieses Blatt bis zu seinem Tod im Jahre 1884, sein Nachfolger war niemand geringerer als Ludwig Anzengruber. Viele bedeutende Schriftsteller und Karikaturisten arbeiteten an diesem Blatte mit, von den Zeichnern wären Karl Reinhardt, Herbert König, G. Kühne, Ferdinand Laufberger und Karl Leopold Müller, allen voran aber der „Meister der politischen Karikatur in Österreich", Ernst Juch, zu nennen.

Seit dem Jahre 1876 wurde dieser Zeitschrift ein Beiblatt mit dem Titel „Wiener Luft" hinzugefügt, das einerseits mehr auf die Hauptstadt und ihre Probleme, andererseits aber auch mehr auf gesellschaftskritische Belange einging und eine bisher unausgewertete Fundgrube der sozialen Charakterisierung der einzelnen Bevölkerungsgruppen darstellt. Die Zeichnungen dieser Beilage stammten vor allem von Karl von Stur, Hans Schließmann und Theodor Zasche.

Mit dem Ende der neoabsolutistischen Ära in Österreich bereicherte sich auch die Szene der satirischen Blätter, allen voran ist hier der 1861 gegründete „Kikeriki" zu nennen, der von Ottokar Franz Ebersberger, der unter dem Pseudonym O.F. Berg schrieb, begründet wurde. Diese Zeitschrift war ursprünglich etwas „linker", eher demokratisch orientiert als der „Figaro" und war durch seine überaus kecke Sprache gegen Klerikale, Bürokraten und Militär in unzählige Presseverfahren verwickelt. Die Personen, sowohl Schriftsteller als auch Karikaturisten, die in dieser Zeitschrift wirkten, standen in enger Verflechtung mit dem „Figaro", das heißt, sie wechselten häufig von einem Blatt zum anderen. Der Maler Hans Canon, aber auch Karl von Stur und Ernst Juch waren als Hauptkarikaturisten des Blattes tätig. In den 80er Jahren wurde diese Zeitschrift – ein Schicksal, das sie mit vielen ähnlichen Organen teilt – antisemitisch und überschlug sich geradezu in einer primitiven, haßerfüllten antijüdischen Persiflage, die nach all dem, was seither geschehen ist, nicht mehr als heiter empfunden werden kann.

Neben diesen beiden vorwiegend politisch ausgerichteten Journalen gab es eine ganze Reihe von Zeitschriften, deren Hauptinhalt oft recht treffliche, die Situation gut beleuchtende Zeichnungen aus dem Theater- und Gesellschaftsleben waren. Die erste der Zeitschriften dieses Typus war der „Floh", der 1869 gegründet wurde, ähnlich waren auch die „Wespen" und die „Illustrierten Wiener Wespen" konzipiert, die, allerdings in geringem Ausmaße, auch politische Karikaturen enthielten. Ähnlich gesellschaftskritisch und nicht so sehr im engeren Sinne politisch war auch die „Muskete" ausgerichtet, die sich allerdings an eine spezielle Gruppe, die Offiziere der k.k. Armee, wandte. Diese Zeitschrift besticht vor allem durch die hohe Qualität ihrer Mitarbeiter, am bekanntesten Roda Roda und Franz Theodor Csokor, sowie der großartige Militärkarikaturist Fritz Schönpflug.

Während alle diese Blätter dem liberal-freisinnigen Lager zuzurechnen sind, wenn auch der „Kikeriki" später ins christlichsoziale Lager abrutschte, hat auch die wichtigste deutsche Oppositionspartei der Spätzeit der Monarchie, die Sozialdemokratie, ihr eigenes satirisches Blatt gehabt, die „Glühlichter", das ebenso wie die Tagespresse der Partei nach dem Parteitag zu Hainfeld 1888/89 ins Leben gerufen wurde. Gemäß den stark auf die Bildungsgläubigkeit – im übrigen ein Erbe des Liberalismus – ausgerichteten Bestrebungen dieser Partei und ihrer publizistischen Organe, war auch diese Zeitschrift und ihr Nachfolger („Neue Glühlichter") stark auf Belehrung ausgerichtet.

Zusammengenommen geben diese Karikaturenzeitschriften ein gutes und konturiertes, an Details reiches und noch dazu amüsantes Gemälde der Monarchie in den letzten Jahrzehnten ihres Bestehens.

Man wird dieser hier gebrachten Auswahl und dem Buch vielleicht vorwerfen können, daß es – wie der große Bahnbrecher der Erforschung von Karikaturen, Eduard Fuchs, es schon den vor ihm sich mit der Materie Beschäftigenden vorwarf – nur eine Vergnügungsreise ins Gebiet der Karikatur und keine Forschungsreise antritt. Sicherlich wäre eine Aufschlüsselung der verschiedenen Karikaturen nach Themen, wie es einzelne Dissertationen taten, die mir bei der Gestaltung dieses Bandes sehr nützlich waren, eine interessante Aufgabe. Allen voran und als Beispiel müßte man hier die Arbeit von Silvia Novosel über die Ministerpräsidenten im Spiegel der Karikatur nennen. Eine solche systematische Aufarbeitung des Materials würde einerseits eine große Kenntnis der Details, des „täglichen Kleinkrams" der Politik der Vergangenheit voraussetzen und natürlich eine gute Kenntnis der „Portraits" der verschiedenen Politiker, die karikiert werden, würde aber andererseits auch zu einem vertieften Verständnis der Probleme der Monarchie beitragen.

Wenn der vorliegende Band mit bewirken könnte, daß jemand auf den Geschmack kommt und sich an diese große Arbeit wagt, wäre diesem Buch der denkbar größte Erfolg beschieden.

Es wird fortgewurstelt.

Die Revolution 1848

Der spätere Handelsminister des Neoabsolutismus, Karl Freiherr von Bruck, hat sie „den schwarzen Strich in der Geschichte" genannt, „hinter den man nicht zurückgehen kann". Zweifellos stellen die revolutionären Ereignisse des Jahres 1848 einen Einschnitt in der Entwicklung der Habsburgermonarchie dar, der es viel mehr als die zufällige Tatsache des Regierungsantrittes des so lange amtierenden Kaisers Franz Joseph erlaubt, hier wirklich eine Grenze in der Feinperiodisierung der österreichischen Geschichte zu ziehen.

Die Revolution war, trotz ihrer Bedeutung, relativ kurz und fand nicht überall in der Habsburgermonarchie mit gleicher Intensität statt. Zweifellos waren Wien und Ungarn die Zentren dieser Bewegung, gegen die sich alle anderen Schauplätze, wie etwa Prag oder auch die kleineren Städte des heutigen Österreich (wo es zu fast operettenhaften Geschehnissen gekommen war), geradezu lächerlich ausnehmen.

Nach der langen Periode des Vormärz, während in Österreich zunächst der reaktionär denkende, von der loyalen Historiographie zum „guten alten Kaiser Franz" stilisierte Franz II. (I.) und dann sogar kein Monarch herrschte – zwischen 1835 und 1848 war es zur „Monarchie ohne Kaiser" gekommen, der pro forma regierende Ferdinand war krank und schwachsinnig gewesen –, nach dieser langen Periode der Unterdrückung aller freiheitlichen Bestrebungen also, hatte die Kunde von der französischen Revolution im Februar 1848 wie ein Funke gewirkt und auch in Wien und Ungarn zu Aufständen geführt, die zunächst siegreich waren. Innerhalb weniger Wochen erreichte die Revolution erstaunlich viel an Anfangserfolgen. Eine Verfassung – die Hauptforderung der Liberalen – wurde versprochen, die Pressefreiheit wurde gewährt und Zeitungen schossen wie die Pilze aus dem Boden – viele davon allerdings „Eintagspilze", die es nie zu einer zweiten Nummer brachten.

Nach den Anfangsphasen der liberalen und demokratischen Revolution bis in den Mai hinein spalteten sich die revolutionären Kräfte in Österreich, und im August kam es zu Auseinandersetzungen zwischen Bürgertum und Proletariat. Das Bürgertum schied ebenso wie die durch die Revolution befreiten Bauern bald aus dem Feld der revolutionären Kräfte aus und es blieben schließlich nur die Arbeiter und die Studenten über, die den letzten Kampf der Revolution schlugen, den sie schließlich gegen die loyalen Truppen verloren haben.

Fürst Windischgrätz: Ich möchte bersten vor Galle, Kamerad, über diese Geschichte in Dalmatien. In sechs Wochen nicht mehr als Sechs gehängt!
Haynau: Ja, wenn das Genie fehlt, ist man natürlich gern human!

2. Anläßlich eines montenegrinischen Aufstandes 1869 rechnete die liberale Presse mit zwei Hauptfiguren der Niederwerfung der Revolution ab: mit Feldmarschall Alfred Fürst Windischgrätz, der in Prag und Wien die Revolution grausam niederschlug, und mit Julius von Haynau, genannt „die Hyäne von Brescia", der sich auch als Militärdiktator von Ungarn durch große Brutalität hervortat.

Die Revolution 1848

3. Die Beendigung der Revolution in Wien durch die kroatischen Truppen unter Banus Jellačić ist Gegenstand dieser bitteren Satire. Sie enthält Anspielungen auf das biblische Thema des bethlehemitischen Kindermordes, das durch Jahrhunderte als Propagandamittel eingesetzt wurde.

Der Kaiser

Noch heute darf man in London im „Speaker's corner" des Hyde-Parks über alles sprechen, alles verunglimpfen – aber ein Thema ist tabu: der König bzw. die Königin von Großbritannien. So geht es uns leider – vom Standpunkt unseres Vorhabens – auch mit Kaiser Franz Joseph in Hinblick auf die österreichischen satirischen Zeitschriften. Der Kaiser war tabu, niemand durfte es wagen, in einer in der Monarchie erscheinenden Zeitung Franz Joseph zu karikieren, zu verspotten, obwohl sehr viele Scherze über ihn umliefen. Man nannte ihn den Hofrat Prohaska (=Spaziergänger), machte sich lustig über seine einfache und geradezu spartanische Lebensweise, seine bürokratische Arbeitswut – er arbeitete vermutlich fleißiger als die meisten Beamten des Staates und man sagte ihm nach, er hätte einen ganz ausgezeichneten Subalternbeamten abgegeben. Auch sein Gesicht mit der Knollennase und dem Backenbart wäre eigentlich ein „gefundenes Fressen" für jeden Karikaturisten gewesen, doch Karikaturen über den Kaiser existieren nur in ausländischen Blättern.

Andere Länder, sogar das oben angesprochene England, waren da weniger diskret. Von ihrem König Edward, der ein flottes Leben als Prince of Wales geführt hat, gibt es durchaus auch in englischen satirischen Zeitschriften böse Karikaturen. Ein guter Teil der ausländischen Karikaturen über Kaiser Franz Joseph stammen aus der Spätzeit und setzen sein geradezu biblisches Alter in Bezug zu der Monarchie, prophetisch in die Zukunft blickend ahnten sie voraus, daß der Lebensabend des Kaisers auch der des von ihm beherrschten Staates sein würde.

Die Karikaturen außerhalb der periodischen Presse waren naturgemäß weniger leicht zu kontrollieren wie die in einer Zeitung, die man konfiszieren konnte, oder der man einen Presseprozeß anhängen konnte. Der Nachteil dieser Karikaturen, die auch über den Kaiser noch manch heiteres Blatt liefern könnten, ist der, daß sie niemals systematisch gesammelt wurden und wir daher auf Zufallsfunde angewiesen sind.

Daß man den Kaiser von Seiten der liberalen Presse vor allem daran gemessen hat, wie sehr er konstitutionell und nicht absolutistisch gesonnen war, liegt auf der Hand, da die Liberalen völlig auf diese Verfassung, die sie gegen alle Unbill von oben und unten zu verteidigen sich bemühten, fixiert waren. Daher auch die anläßlich der Silberhochzeit erschienene Karikatur auf die Ausfahrt des Kaisers in einer offenen Kutsche, die brav und loyal ist, aber doch eine Spitze gegen Franz Joseph, den man ja immer einer unsicheren Haltung gegenüber der demokratischen Entwicklung seiner Völker verdächtigte, enthält.

Die letzte Karikatur ist sicherlich nicht „lustig", aber sehr zeittypisch. Kaiser Franz Joseph mit seinem Generalstabschef Franz Conrad von Hötzendorf auf der Wildschweinjagd, der erlegte Eber – das Wappentier Serbiens – deutet die erhoffte Beute an.

5. Rechts: Die Hydra mit den Köpfen der Revolutionäre wird von den loyalen kaiserlichen Truppen getötet. Ferdinand und der junge Kaiser Franz Joseph befinden sich — eine Anspielung auf Zeus — im Himmel und senden ihre Racheblitze auf die Revolution nieder.

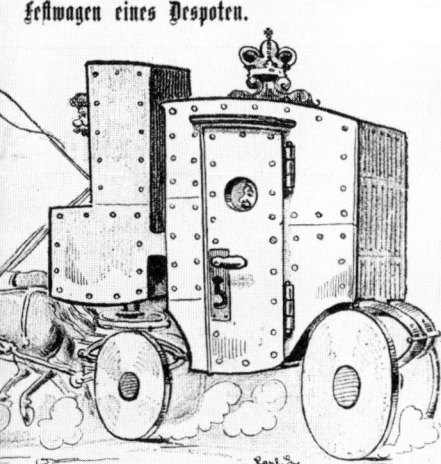

Festwagen eines Despoten.

4. *Oben: Wird hier — nicht zuletzt dem Kaiser selbst — vor Augen geführt, wie ein despotisch herrschender Monarch in der Öffentlichkeit aufzutreten gezwungen ist?*

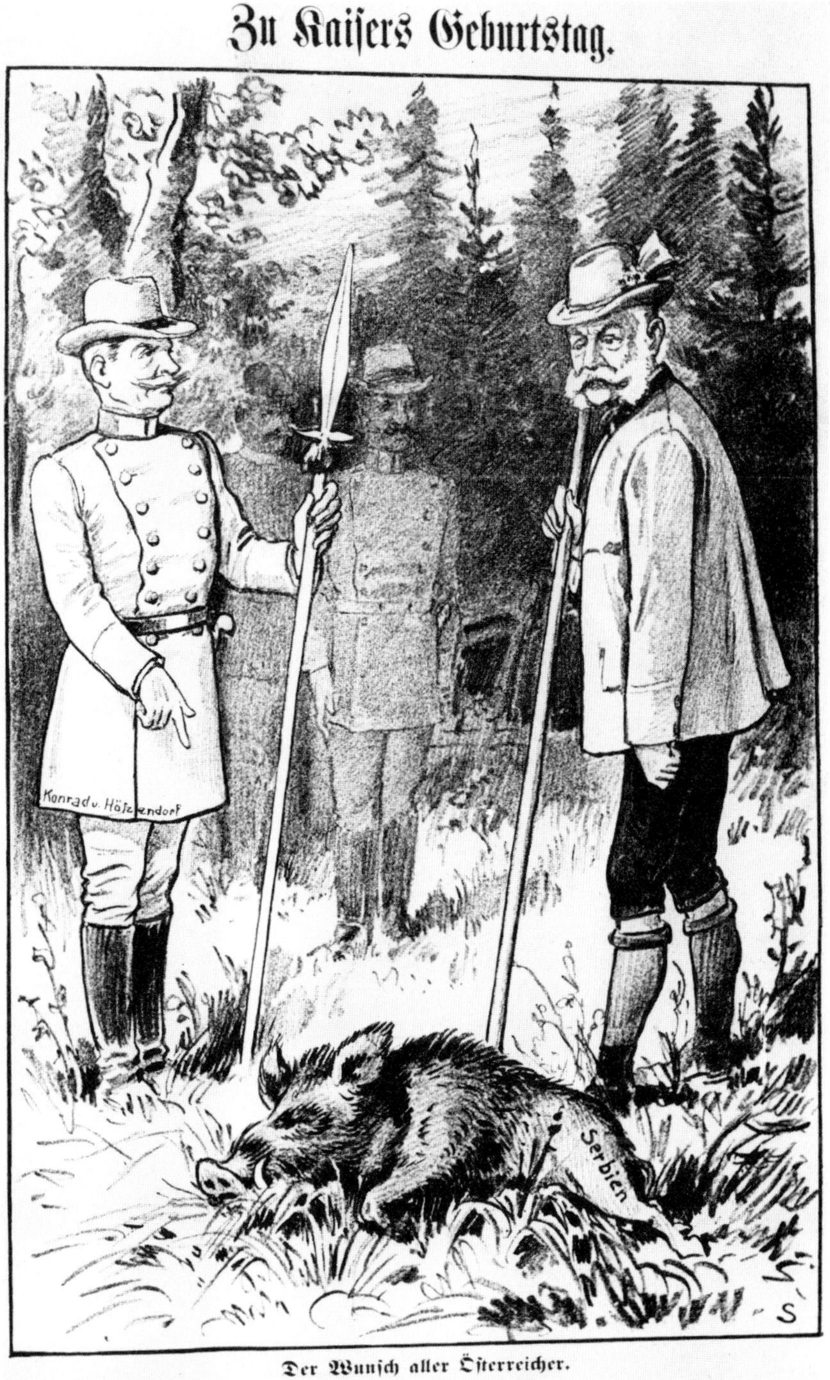

Zu Kaisers Geburtstag.
Konrad v. Hötzendorf
Serbien
Der Wunsch aller Österreicher.

6. *Franz Joseph war ein begeisterter, disziplinierter Jäger — im Gegensatz zu seinem Sohn Rudolf, der niederschoß, was ihm vor die Büchse kam. Die Sommermonate verbrachte der Kaiser meist in Ischl, wo er diesem „Hobby" nachgehen konnte. Diese Karikatur richtet sich allerdings nicht gegen die Jagdleidenschaft des Kaisers, sondern haßerfüllt gegen den balkanischen Hauptgegner Serbien.*

Das neoabsolutistische System

Die Revolution in Wien war niedergeschlagen worden, der Reichstag in Kremsier-Kroměříž war aufgelöst worden und schließlich wurden mit Hilfe der Russen auch die Ungarn geschlagen und gedemütigt. Die Reaktion, das konterrevolutionäre System, hatte auf allen Linien gesiegt. Doch noch war der neue Monarch vorsichtig. Knapp nach der Auflösung des Reichstags verkündete man sogar eine Verfassung, die allerdings nie mehr als ein Stück beschriebenes Papier wurde und trachtete mit einer neuen „Führungsmannschaft", allen voran Felix Schwarzenberg, aber auch Alexander Bach, Franz Stadion, Karl Freiherr von Kübeck und anderen, die Lage in den Griff zu bekommen.

Auf drei Elemente konnte sich dieser Neoabsolutismus stützen: auf die Armee, der es gelungen war, die Revolution niederzuwerfen, auf die loyale Bürokratie und auf die katholische Kirche, deren konservative Macht man im Bündnis von Thron und Altar auszunützen versuchte.

Der neoabsolutistische Staat kehrte nicht voll zum System des Vormärz zurück, wenn auch 1851 im Silvesterpatent die theoretisch gültige Verfassung wieder beseitigt wurde und damit der Rückschritt zu einem absolutistischen System vollzogen wurde. Auch gab es – was sich für unser Thema ungünstig auswirkt – eine strenge Zensur und keine wie immer gearteten Grundrechte auf freie Meinungsäußerung und Versammlungs- oder Vereinsfreiheit. Aber im Gegensatz zum alten Absolutismus des Vormärz geschah doch manches: Vor allem verstand man es, die politisch reaktionäre Periode mit einer liberalen Wirtschaftspolitik zu verbinden, die der Bourgeoisie zugute kam und deren Wünsche nach politischer Betätigung in den wirtschaftlichen Bereich umzulenken imstande war.

Auch in der Administration wurde effizienter gearbeitet, wenn auch alle „konstitutionellen Anläufe" der ersten Jahre, etwa die Gemeindeselbstverwaltung oder die Einführung einer verbesserten Gerichtsbarkeit, dem Silvesterpatent zum Opfer fielen. Dennoch wurden einige auch für die Wirtschaft günstige administrative Maßnahmen gesetzt, so etwa die Beseitigung der Zollschranken innerhalb des Staates, insbesondere zwischen Ungarn und den übrigen Kronländern.

7. Das neoabsolutistische System hatte nach der Niederwerfung der Revolution von 1848 auch die Meinungsfreiheit wieder eingeschränkt. Auf diese Situation spielt die Karikatur an.

BILDTEXT:
Sag' mir nur warum hast denn du allweil d'Hand im Sak?
Und da fragst no bei der jetzigen Zeit — an Zorn hab' i und da mach i a Faust im Sak!
Warum machst's denn nit heraussen?
Dumms Plausch'n! mach du's wonnst Courage hast!

Das neoabsolutistische System

8. Aus der Sicht des Jahres 1867 — des Ausgleiches mit Ungarn — wird hier die Entwicklung Österreichs beschrieben: Nach der „gemütlichen" Biedermeierzeit und der Revolution wird der Neoabsolutismus durch die vom Militär bewachte (1850) und die Situation nach dem Konkordat von 1855 durch die betende, von Priestern umgebene Austria charakterisiert.

Der Adel

Bis zum Jahre 1848 war die Habsburgermonarchie ein auf den Grundsätzen des Feudalismus aufgebauter Staat. Die Herrschaft des Adels und der besitzenden Kirche im System der Grundherrschaft war die Basis des Staatsaufbaues, Adel und Klerus dominierten politisch – soweit dies im Absolutismus überhaupt noch möglich war – in den ständischen Vertretungen, den Landtagen.

Den Adeligen kam aber auch in der Zeit nach dem Ende dieses alteuropäischen Gesellschaftssystems größte Bedeutung zu. Eine nicht allzugroße Gruppe adeliger Familien beherrschte Schlüsselstellungen in Armee, Hochbürokratie und Diplomatie und bildete gleichzeitig die Hofgesellschaft. Dem an die Macht drängenden Bürgertum war der Adel suspekt, obwohl es später dann den „verfassungstreuen Großgrundbesitz" als politische Gruppe gab, die mit der liberalen Bourgeoisie zusammenarbeitete. Adel war für viele gleichbedeutend mit Reaktion und Konservativismus.

Auf der anderen Seite war der Adel für die Bürger jene Gruppe der Gesellschaft, die Maßstäbe setzte. Der adelige Lebensstil wurde, wenn auch weniger gekonnt, von den Neureichen, den schnell aufgestiegenen Bürgern imitiert. Nichts strebte man intensiver und erwartungsvoller an, als die Erhebung in den Adelsstand. Mit den vielen Nobilitierungen aus den Kreisen der Armee, der Bürokratie und auch der Wirtschaftstreibenden war eine sogenannte „Zweite Gesellschaft" entstanden, von der sich der alte Adel, so gut es ging, fernhielt. Manchmal mußte man aber aus finanziellen Gründen Konzessionen machen und eine der neuadeligen, aber dafür sehr reichen Töchter einer solchen Emporkömmlingsfamilie heiraten. Viele Karikaturen nahmen sich das lächerliche Verhalten der Neuaufgestiegenen zum Ziel ihrer Scherze.

Als besonders schlimm fand man in adeligen Kreisen, daß unter den Neunobilitierten auch jüdische Familien waren. Mit dem Bestreben, sich von dieser Zweiten Gesellschaft zu distanzieren, ging auch ein starker Antisemitismus Hand in Hand.

Vielfach wird auch die Schalheit der Salons und ihrer Besucher – zum Großteil waren es Adelige und Angehörige der Zweiten Gesellschaft – und die Leere ihrer gefälligen Konversation und ihres in Konventionen erstarrten Lebens karikiert.

Trotz seiner zahlenmäßig verschwindend geringen Anteile an der Gesamtbevölkerung – schätzungsweise höchstens 3 %, exakte Zahlen liegen leider keine vor – war es dem Adel gelungen, wichtige Schlüsselstellungen, nicht zuletzt auch in der Regierung des Staates zu halten. Fast alle Ministerpräsidenten der Monarchie gehörten der Hocharistokratie an, nur wenige der Zweiten Gesellschaft – bürgerlich war keiner von ihnen. So kann man die Karikaturen z. B. eines „typischen" Aristokraten wie Thun-Hohenstein, gleichzeitig als eine Art Karikatur des Adels der Monarchie ansehen.

9. Die Geistlosigkeit einer in Konventionen und Banalitäten erstarrten Konversation der adeligen Gesellschaft war vielfach Zielscheibe beißenden Spottes.

10. Oben: Besonders unangenehm empfanden weite Kreise der Führungsschichten den Aufstieg von Juden in die Zweite Gesellschaft. In den gegen sie gerichteten Karikaturen verbinden sich antisemitische Gedanken mit dem gegenüber den Aufsteigern und ihrem Verhalten üblichen Spott.

BILDTEXT:
Tochter: Mama! das ist der fünfte Tänzer, dem ich einen Korb geben mußte. Warum läßt Du mich mit keinem tanzen?
Mama: Du sollst nur tanzen mit Aristokraten von Geburt!
Tochter: Dann kann ich wol sitzen die ganze Nacht. Voriges Jahr hast Du mich tanzen lassen mit ein' Jeden.
Mama: Vorig's Jahr is der Tate aber auch noch nix gewest ä Ritter vün der eisernen Kron'.

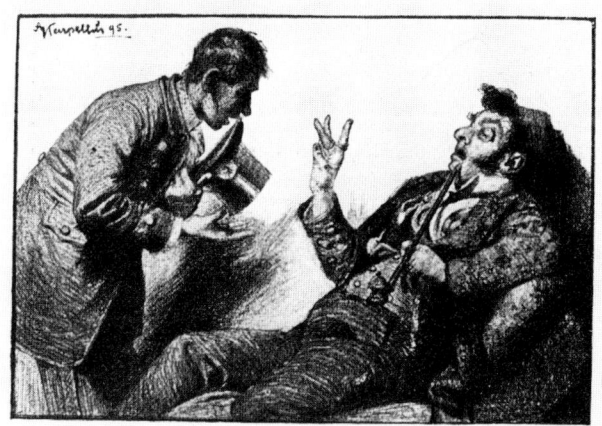

Der Protz.

Neugeadelter Bankier: Holen Sie mir aus der Apotheke einen Blutreinigungs-Thee, aber sagen Sie für blaues Blut!

11. Rechts: Das Benehmen der Neureichen und der Stolz auf ihren jungen Adel war ein häufiges Thema von Karikaturen.

Die Armee und ihre Repräsentanten

Die Hauptstütze des neoabsolutistischen Systems, genau genommen das verbindende Glied bis zum Ende der Monarchie, war die Armee, die auch nach dem Ausgleich 1867 als einigendes Band des Gesamtstaates mit der einheitlichen deutschen Kommandosprache erhalten blieb.

Die Monarchie hatte eine zweijährige allgemeine Wehrpflicht und die Rekruten aus den verschiedenen Kronländern – man muß sich dieses babylonische Sprachgewirr vorstellen – lernten neben der militärischen Ausbildung die deutsche Sprache kennen – und oft genug auch hassen. So trug die Armee zur Integration und Verständigungsmöglichkeit innerhalb der Monarchie bei, war aber gleichzeitig auch Kampfstätte nationalen Haders und nationaler Unterdrückung. Wer sich darüber einen guten Überblick verschaffen will, dem kann man empfehlen, anstatt vieler dicker Bände wissenschaftlicher Analyse einige Seiten vom weitaus amüsanteren „Braven Soldaten Schwejk" des genialen Jaroslav Hašek zu lesen.

Weit mehr als die Rekruten, die aus allen Ländern der Monarchie kamen, waren die Offiziere Symbol und Ausdruck dieser Armee. Auch das Offizierscorps war multinational zusammengesetzt, aber weitaus mehr als die einfachen Soldaten durch einen Verhaltenscodex, den gemeinsamen Standesdünkel, verbunden. Nur ein geringer Teil der Offiziere waren Adelige, wenn auch höhere Kommandostellen fast ausschließlich der Aristokratie vorbehalten waren – aber jedenfalls war es für einen Bürgerlichen schwer, die Spitze der militärischen Hierarchie zu erreichen.

Die stehenden Figuren der Satire und der Karikatur waren selbstverständlich nicht die Oberbefehlshaber – hier galt beinahe eine ähnliche Tabuisierung wie für die Dynastie – sondern der „kleine" Leutnant mit seinen Lebensproblemen: Spiel, Frauenabenteuer, Schulden, Pferde, Heiratskautionen, Duelle.

Obwohl die Ausgaben für die Armee, gemessen an dem Prozentsatz des Budgets, den heutige Großmächte für die Rüstung ausgeben, geradezu lächerlich waren, gab es von verschiedenen Seiten her immer wieder Kritik an diesen Heeresausgaben, in denen sich der Wille des Kaisers manifestierte. Da die Armee immer eine Stütze der Staatsmacht und damit des Monarchen war – auch in der Zeit des Konstitutionalismus – legte Franz Joseph auf einen entsprechenden Ausbau der Armee und auf die nationale Geschlossenheit dieses Machtinstrumentes größten Wert.

Als die Ungarn Forderungen nach einer Teilung des Heeres und einem ungarischen Heeresteil mit ungarischer Kommandosprache stellten, reagierte der Kaiser mit dem bekannten Armeebefehl von Chlopy – 1903 fanden in diesem galizischen Ort die Herbstmanöver statt –, in dem er sagte: „Gemeinsam und einheitlich wie es ist, soll mein Heer bleiben." Einheitlich blieb es auch, obwohl im Verlauf des 1. Weltkrieges der Zerfall in die einzelnen Nationalitäten sich deutlich zeigte.

Weitaus grundlegender war die Kritik einzelner politischer Strömungen an der Armee. Dabei waren nicht nur die grundsätzlich dem Pazifismus zuneigenden Sozialdemokraten Gegner der Heeresausgaben, sondern häufig auch die Liberalen, wenn auch aus anderen Motiven, die mit dem Mißtrauen gegen den Monarchen und seine Tendenzen zum Absolutismus zusammenhingen.

12. Häufig werden in den Karikaturen die Hüte als Kennzeichen der verschiedenen Völker des Reiches genommen. Deutlich erkennt man in der Mitte den Deutschen als Bürger mit Zylinder, rechts den Ungarn und den Polen und links mit dem runden Hut den Tschechen. Die Karikatur ist eine hervorragende Illustration des Gedankens der „gemeinsamen", alle Völker „verbindenden" Armee.

Die Armee und ihre Repräsentanten

13. Auch von seiten der Sozialdemokraten wurde der finanzielle Aufwand für die Armee immer wieder kritisiert. Der Entwurf für ein Deutschmeisterdenkmal ist stark von pazifistisch-antimilitaristischen und sozialkritischen Gedanken getragen.

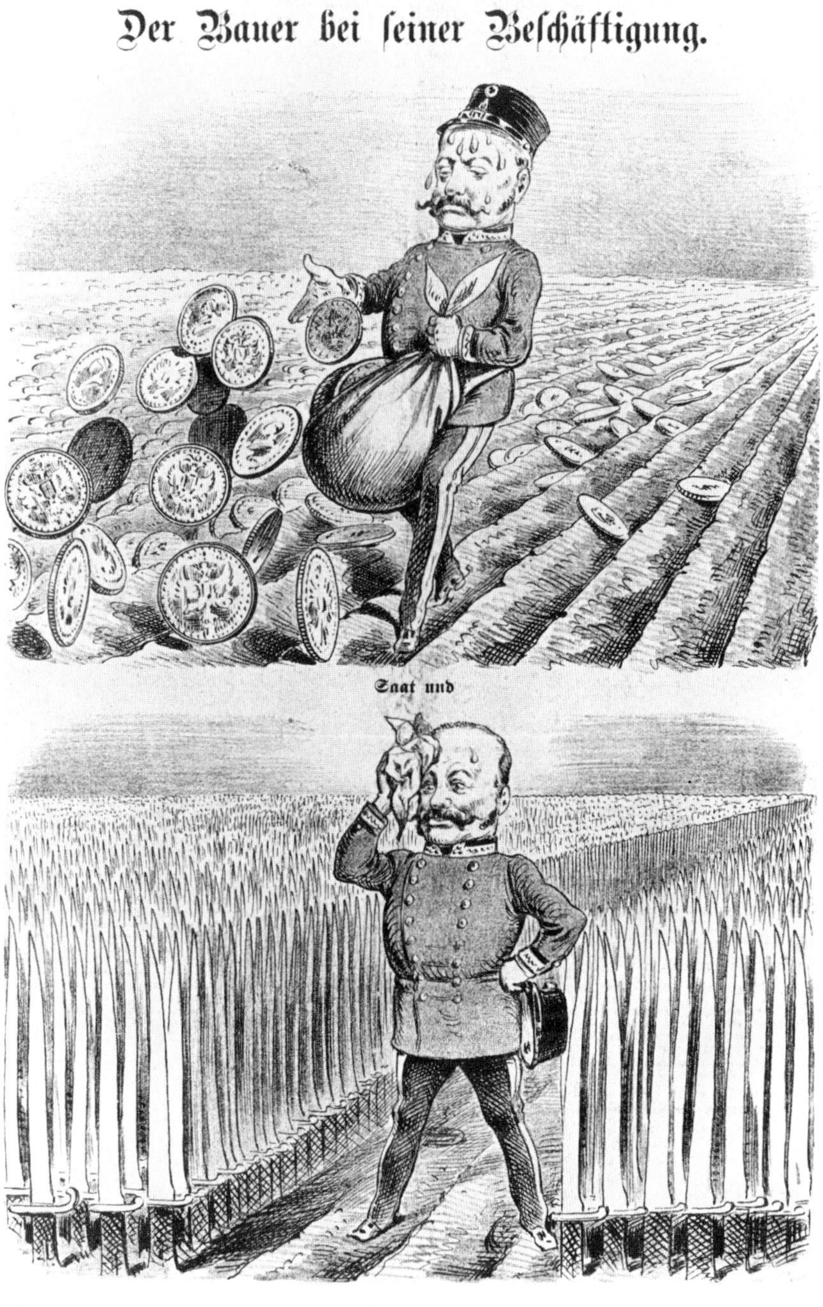

Der Bauer bei seiner Beschäftigung.

14. Die loyalen Liberalen übten an der Tatsache, daß ein für damalige Verhältnisse hoher — aus heutiger Sicht lächerlicher — Prozentsatz des Budgets für Rüstung und Armee ausgegeben wurde, durch diese geradezu zeitlose Karikatur Kritik.

15. Die Eitelkeit des Offizierskorps, insbesondere der häufig auch noch adeligen Kavallerieoffiziere, wurde vielfach verspottet.
BILDTEXT: Kavallerie-Lieutenant: Muß mir mal wegen Schulden Kugel in den Kopf jagen, bin neugierig, wie mir die sitzen wird!

Die Bürokratie

Neben der Dynastie, der Armee und in gewisser Weise dem Adel der Monarchie war das Beamtentum dieses Staates eine der Klammern, die in der zweiten Hälfte des 19. Jahrhunderts den zentrifugalen Kräften entgegenstanden. Die Beamten der Monarchie waren loyal gegenüber dem Kaiserhaus und gegenüber dem Gesamtstaat. Während die anderen Bewohner dieses eigentümlichen Staatengebildes sich zunehmend als Deutsche, Tschechen, Italiener, Slowenen, Polen oder was auch immer fühlten, gab es in der Beamtenschaft so etwas wie einen Gesamtstaatsgedanken, eine Identifizierung mit der Habsburgermonarchie als einer Gesamtheit und nicht bloß mit einer ihrer Nationalitäten.

Als Gegenentwicklung zu diesem eben entworfenen Idealbild gab es natürlich auch im Beamtentum nationale Gegensätze, die in einzelnen Krisen – über die Badeni-Krise wird noch zu erzählen sein – zum Ausbruch kamen und Gefahren ahnen ließen, die schließlich in die Katastrophe dieses kunstvollen Gebildes, genannt Österreich-Ungarn, führen mußten.

Die Bürokratie, die seit dem Absolutismus in einer steten Entwicklung begriffen war und andere Führungskräfte, wie etwa die Aristokratie, entweder in ihrer Macht schwächte oder in sich aufnahm – ein großer Teil des höheren Beamtentums war aus Angehörigen adeliger Familien zusammengesetzt –, bildete in Österreich die Karrierechance schlechthin für die Bürgerlichen. Der Aufstieg des Bürgertums in der Habsburgermonarchie ist weniger durch seine wirtschaftlichen, unternehmerischen Großleistungen entstanden – hier war das Bürgertum schwach und der staatliche Einfluß groß – sondern auf dem Weg durch die bürokratische Laufbahn. Als höchstes Ziel einer solchen Beamtenkarriere winkten neben klingenden Titeln wie Hofrat, Oberoffizial, Münzwardein etc. auch die Erhebung in den Adelsstand – das uneingestandene Ziel aller Bürgerlichen.

Die Bürokratie wurde natürlich nicht immer positiv gesehen, man erlebte die Kompliziertheit des Verwaltungssystems täglich am eigenen Leibe, kämpfte bei jeder Gelegenheit mit dem Moloch Bürokratie und verspottete daher das Beamtentum auch dementsprechend.

16. Anläßlich eines Dammbruches, der in Szegedin zu einer Überschwemmungskatastrophe geführt hatte, entstand diese Karikatur. Die von der Verwaltung ignorierten Eingaben sollten für den Dammneubau als Baumaterial benützt werden.
BILDTEXT:
Wie lassen sich die Szegediner Dämme am billigsten herstellen? Man verwendet dazu alle Petitionen zum Schutz vor der Überschwemmungsgefahr, welche bisher unbeachtet liegen geblieben sind. Dieselben sind um so sicherer, als feststeht, daß bisher nichts durchgegangen ist.

17. Graf Richard Belcredi (als St. Georg), kein besonderer Freund der Liberalen — unter seiner Regierung war die Verfassung sistiert —, versuchte Verwaltungsreformen durchzuführen und fand deshalb diese positive Wertung in einer liberalen Zeitschrift.

Die Bürokratie

Moderne Staatsdreifaltigkeit. Ein moderner Staat besteht aus

dem Heere der Kriegsmacht,

aus dem Heere der Verwaltung und

aus dem Heere der „Wurzen".

18. Die teure Armee und die teure Verwaltung wurde vom großen Heer der „Wurzen" (ein Wiener Ausdruck für jene, die ausgenützt werden und bezahlen müssen) erhalten. In der Karikatur spiegelt sich die Ablehnung der staatstragenden Elemente durch den Liberalismus.

Modernes Schlagwort.

Bureaukratius: Rasiere dich selbst!

19. Rechts: Zopf und Bart sind Symbole der Rückständigkeit und der reaktionären Gesinnung, die man der schwerfälligen Bürokratie häufig vorwarf.

Klerus und Konkordat

Das „Bündnis von Thron und Altar" gab es schon im Vormärz, ohne einen speziellen Vertrag, wurde aber in der politischen Realität bis zum Jahre 1848 praktiziert. Als der neoabsolutistische Staat nach der Niederwerfung der Revolution sein Herrschaftssystem aufzubauen begann, war die katholische Kirche wiederum eine Hauptstütze seiner Macht. Diesmal allerdings fand das Bündnis zwischen dem konservativen Herrscher und der konservativen Kirche in einem eigenen Vertrag, dem Konkordat des Jahres 1855, Ausdruck.

Es ist schon charakteristisch bei diesem Vertragsabschluß, wen Franz Joseph als seinen Unterhändler delegierte: niemand geringeren als den Kardinal von Wien, Franz Joseph Rauscher, der das besondere Vertrauen des Kaisers dadurch genoß, daß er sein Lehrer gewesen war, der aber natürlich nicht nur die Interessen des Staates, sondern natürlich auch die der Kirche im Auge hatte. Dennoch kam es zu langwierigen Verhandlungen, weil man sich über verschiedene Punkte, nicht zuletzt das Eherecht, nicht einigen konnte. Schließlich wurde aber doch am 18. August 1855 das Konkordat zwischen Österreich und dem Heiligen Stuhl geschlossen, das dem Katholizismus in Österreich wesentliche Rechte zugestand.

Es kam zu einem Rückschwung der Entwicklung, das Eherecht wurde weitgehend der Kirche überantwortet, das heißt, das kanonische Eherecht wurde allgemein verbindlich. In vielen anderen Bereichen gab es kleinere Reformen; die wesentlichste Tatsache ist sicher die, daß man die Schule völlig der katholischen Kirche überantwortete. Der katholische Klerus übte eine Schulaufsicht aus, die sich nicht bloß auf das Fach Religion, sondern auf alle Fächer erstreckte. Was das für den Unterricht in den Naturwissenschaften bedeutete, die mit der damals noch die Bibel wörtlich nehmenden katholischen Dogmatik im Einklang stehen mußte, oder auch für ein Fach wie Geschichte, liegt auf der Hand.

Große Teile des niederen Klerus waren sicherlich nicht begeisterte Anhänger des Konkordates und der damit verbundenen Politik des Episkopats. Man muß bedenken, daß es innerhalb des Klerus starke soziale Differenzierungen gab zwischen den Besitzenden, den reichen Klöstern und den Bischöfen, die innerkirchlich wie auch politisch mächtig waren, und andererseits dem geradezu proletarisierten niederen Klerus, der ebenfalls nicht sehr einheitlich war.

Für die Liberalen und später natürlich auch für die Sozialdemokraten und die Deutschnationalen war die katholische Kirche, repräsentiert durch den Klerus, ein Hauptgegner gewesen. Der dicke Kleriker, der in seinen Schätzen wühlt, der asketische, finstere, stets Intrigen spinnende Mönch, waren stehende Figuren der antiklerikalen Polemik in der Karikatur. Ein Thema, das in den Karikaturen auch immer wieder problematisiert wird, ist der starke Einfluß, den die Kirche und der Klerus auf die Bevölkerung ausüben konnte.

Die politische Funktion des Klerus kann nicht überschätzt werden. In der Zeit des Neoabsolutismus war der Kleriker die Machtstütze schlechthin für den Staat gewesen. Nach dem Jahre 1868, als man die Konkordatsbestimmungen in wesentlichen Punkten durchbrochen hatte, begann ein Prozeß, der in Österreich bis in die erste Republik hinein seine Auswirkungen hatte: die Klerikalisierung der Landbevölkerung, die Organisation der Bauern in verschiedenen klerikalen, später dann christlichsozialen Vereinen und Vorfeldorganisationen.

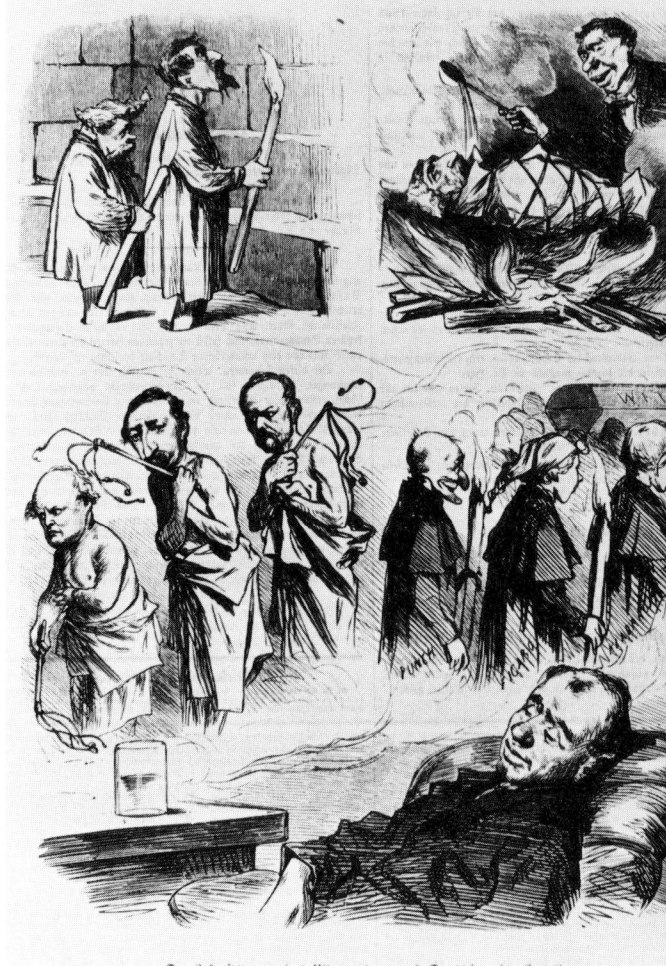

Der Zukunftstraum eines Ultramontanen nach Durchlesung der Encyclica.

20. Von seiten der Liberalen warf man den „Ultramontanen", also den am Papst und seiner zentralistischen Kirche orientierten Politikern, Rückkehr zu mittelalterlichen Verhältnissen vor. Der Canossagang, die Ketzerverbrennung, die Flagellantenprozession — bei der als erster Eugen von Mühlfeld, der radikalste Kämpfer gegen das Konkordat, zu erkennen ist — und die Grablegung des Witzes sind Inhalte des Traumes eines Ultramontanen.

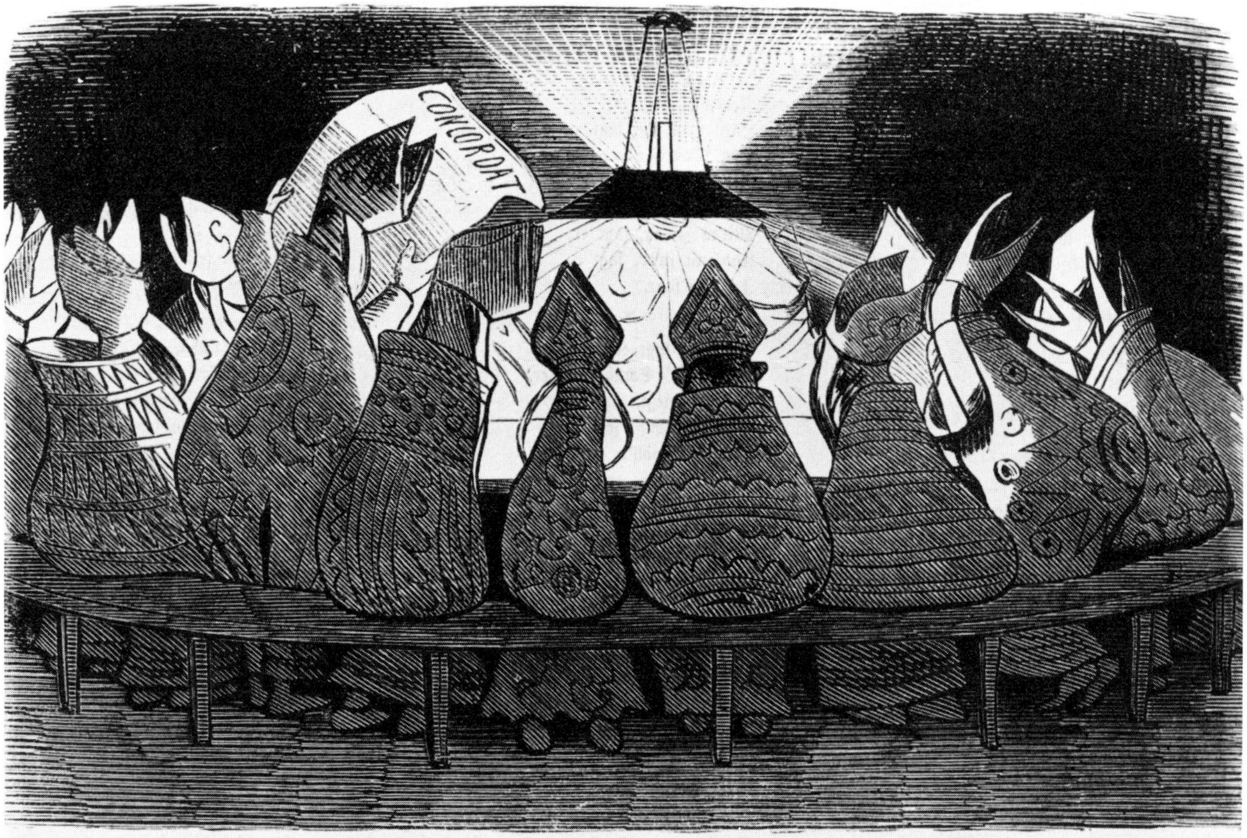

Die geheimste Sitzung in Wien.

21. Eine beliebte Interpretation der Liberalen war, die Kleriker als eine verschwörerische Gemeinschaft darzustellen. Die Bischöfe, deren Wille sich vielfach im Konkordat ausdrückte, waren die Hauptzielgruppe der Kritik.

Austria's Konkordats-Bandwurm.

Dr. Beust zu den anderen Doktoren: Das Ehegesetz-Mittel scheint jedenfalls wirksam gewesen zu sein, aber bevor nicht der Kopf ausgemerzt ist, kann doch von einer Heilung nicht die Rede sein, denn der Wurm wächst dann immer wieder nach.

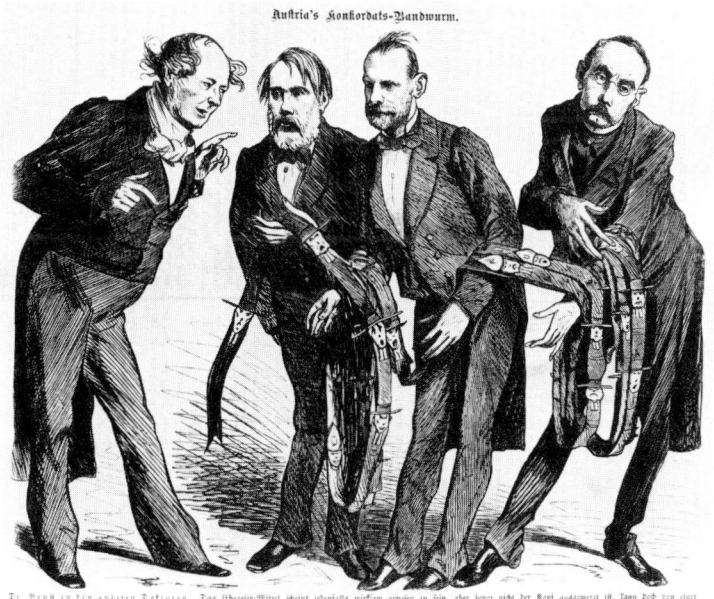

22. Rechts: Das Konkordat des Jahres 1855 sah man als gefährliches Übel — wie einen Bandwurm —, welches man, wie die Karikatur aussagt, auch durch die konfessionellen Gesetze von 1868 im Sinne der Liberalen nicht ganz ausmerzen konnte. Die Personen: Reichskanzler Beust, Justizminister Herbst, Innenminister Giskra und Unterrichtsminister Hasner.

BILDTEXT:
Dr. Beust zu den anderen Doktoren: Das Ehegesetz-Mittel scheint wirksam gewesen zu sein, aber bevor nicht der Kopf ausgemerzt ist, kann doch von einer Heilung nicht die Rede sein, denn der Wurm wächst dann immer wieder nach.

Habsburg und Risorgimento

Man mag die innere Situation der Habsburgermonarchie beurteilen wie man will, außenpolitisch hat sie sicherlich versagt. Die Dankesschuld an den russischen Zaren, der 1849 mitgeholfen hatte, die ungarische Revolution niederzuschlagen, hatte man im Krimkrieg des Jahres 1853 nicht abgetragen, obwohl der Zar noch knapp vor Kriegsausbruch festgestellt hatte: „Wenn ich von Rußland spreche, meine ich auch Österreich." Damit hatte man die Sympathien der Russen, mit denen man ohnehin am Balkan in schärfster Konkurrenz lag, weitgehend verloren. Andererseits hatte Österreichs zögernde und neutrale Haltung, die es schließlich auch nicht ermöglichte, sich an die Westmächte England und Frankreich, die ihrerseits das Osmanische Reich unterstützten, anzuschließen, auch zur Entfremdung gegenüber diesen geführt, was sich schließlich im Krieg gegen Sardinien-Piemont auswirken sollte.

Der König von Sardinien-Piemont, von dem die Idee des „risorgimento", der Einigung Italiens, ausging (1848 war er bei seiner Attacke gegen die Lombardei durch die Siege Radetzkys gescheitert), oder vielleicht mehr sein kluger Außenminister, Conte Camillo Cavour, hatte ein Rezept, wie man mit dem Habsburgerreich fertig werden konnte. Dieses Rezept hieß: Einschaltung in die internationale Politik. Sardinien-Piemont beteiligte sich daher am Krimkrieg, obwohl es keine besonderen Interessen in diesem Raum hatte. Und als es 1858 zum Krieg gegen die Habsburger rüstete, fand Sardinien-Piemont Napoleon III. als Bündnispartner.

In zwei schrecklichen Schlachten, jenen bei Magenta und Solferino, wurde die österreichische Armee geschlagen, und im rasch erfolgten Friedensschluß verlor Franz Joseph die Lombardei mit der Hauptstadt Mailand. Gleichzeitig damit und knapp danach kam es auch in verschiedenen, von habsburgischen Fürsten der jüngeren Linien des Hauses beherrschten italienischen Staatsgebilden zu Aufständen, die zum Verlust dieser Gebiete führten. All das ergab schließlich einen beachtlichen Schritt vorwärts in der Einigung Italiens.

Endgültig gelöst war allerdings die italienische Frage auch für die Habsburger nicht. Noch standen Venetien, das Trentino, Triest und viele Italiener in Istrien und Dalmatien unter habsburgischer Herrschaft. Zweimal noch führte Österreich gegen das mittlerweile begründete Königreich Italien Krieg und mußte jedesmal Niederlagen und Gebietsabtretungen hinnehmen.

Diese überaus unglückliche Außenpolitik der Habsburgermonarchie hat immer wieder Rückwirkungen auf die innere Gestaltung des Staates gehabt. Die gesamte Entwicklung des Konstitutionalismus, des Verfassungsstaates in Österreich, ist nur im Zusammenhang mit diesen außenpolitischen Krisen zu sehen. Einerseits mußten im Zuge der Kriege Anleihen aufgenommen werden, was die Bourgeoisie in Österreich gestärkt hat und die dafür auch einen Preis forderte. Dieser Preis hieß Konstitution, hieß Verfassungsstaat, hieß Beteiligung an der Regierung, hieß Liberalismus. Andererseits war auch der Prestigeverlust des absolutistischen Staates nach diesen Niederlagen nicht dazu angetan, das System weiter aufrecht erhalten zu können. Der Kaiser war also nach diesen Ereignissen zu Veränderungen in der inneren Struktur des Staates gezwungen.

Szenen aus dem neuen französischen Zugstück: „Das befreite Italien," verfaßt und vorerst für die sardinische Bühne bearbeitet von einem bewährten Komödianten.

Hat dich der Teufel nur erst bei einem Haar,
So gehörst du sein auf immerdar.

23. Auf die Kompensation für den erst 1866 eingetretenen, aber schon lange davor angestrebten Verlust Venetiens und die gleichzeitigen Versuche Frankreichs, den Bruder Franz Josephs, Maximilian, als Kaiser von Mexiko zu etablieren, nimmt diese Karikatur Bezug (Napoleon III. als experimentierender Laborant).

24. Links: Napoleon III. und seine Bündnispolitik mit dem König von Sardinien-Piemont, Viktor Emanuel, dessen wichtigste Stütze der hinter ihm kniende Graf Camillo Cavour war, sind Thema der Karikatur.

Die Verfassung/Experimente und Sistierung

Das Gedankengut des Liberalismus war in Österreich – ausgehend von der Ideenwelt der französischen Revolution – schon seit langer Zeit verbreitet gewesen. Im Vormärz unterdrückt und dennoch in Broschüren und Zeitungen, die trotz strenger Zensur Verbreitung fanden, formuliert, im Jahre 1848 kurzfristig erfolgreich, dann niedergeknüppelt von der Reaktion, trat der Liberalismus im Jahre 1861 erneut zu einem Versuch an, den Staat in seinem Sinne umzugestalten. Es ist ein Spezifikum des österreichischen Liberalismus, daß er schon früh eine Bindung mit dem Gedanken der deutschen Dominanz in der Habsburgermonarchie eingegangen ist. Der Liberalismus war also in der Donaumonarchie vorwiegend Deutschliberalismus, wobei die Betonung auf dem ersten Teil dieses Wortes lag. Verbunden mit diesem Deutschliberalismus war der Versuch, eine zentralistische Lösung für die staatsrechtlichen Probleme des Vielvölkerstaates zu verwirklichen, eine Lösung, die es erlaubte, eben jene Vorherrschaft der zahlenmäßig unterlegenen Deutschen über die anderen Nationalitäten in der Monarchie aufrechtzuerhalten bzw. zu etablieren.

Als sich deutlich zeigte, daß das Oktoberdiplom und die Politik Agenor Goluchowskis, die den Versuch einer föderalistischen Lösung darstellt, gescheitert waren, traten die Deutschliberalen, die noch weit davon entfernt waren, eine wirkliche Partei gebildet zu haben, mit ihren Vorstellungen deutlich hervor, und es war Anton Ritter von Schmerling, der zum Staatsminister berufen wurde. Die spätere liberale Herrschaft hat die Ära Schmerling, die unbestritten bahnbrechend für die Durchsetzung des Liberalismus in Österreich war, sehr kritisch beurteilt, und hat diese Zeit, die man auch „Periode der Verfassungsexperimente" genannt hat, sehr zutreffend mit dem Namen „Pseudoliberalismus" bezeichnet.

Das Februarpatent, das aus formaljuristischen Gründen als Ausführungsbestimmung zu dem „unwiderruflichen" Oktoberdiplom erklärt werden mußte, sah eine starke Modifikation der Verfassung in Richtung auf eine Verstärkung des Zentralismus vor.

Schmerling schaffte es, sich etwas länger als sein polnischer Vorgänger an der Regierung zu halten, obwohl auch die Unzufriedenheit mit dem Schmerlingschen Lösungsmodell groß war. Vor allem die Ungarn waren unzufrieden, noch immer war im Kern die „Verwirkungstheorie", wenn auch mit Milderungen und Einschränkungen, gültig. Aber auch die anderen Nationalitäten lehnten die deutsche Vorherrschaft ab.

Am 27. Juli 1865 mußte der deutschliberale Staatsminister Anton Ritter von Schmerling zurücktreten. Sein Nachfolger war Richard Graf Belcredi, ihm zur Seite im sogenannten „Drei-Grafen-Ministerium" standen Graf Alexander Mensdorff-Pouilly, der die Agenden der Außenpolitik vertrat, und Johann Graf Larisch, der gewissermaßen Finanzminister war. Politisch war diese Epoche, in der die Konservativen dominierten, von zwei Problemen gekennzeichnet: von der Außenpolitik gegenüber Preußen und von der Idee des Föderalismus, die mit einer gewissen Slawenfreundlichkeit Hand in Hand ging.

Die Liberalen haben dieser Regierung nicht nur vorgeworfen, daß sie das Februarpatent, die „pseudoliberale" Verfassung aufgehoben, sistiert habe, sondern auch, daß sie außenpolitisch in der deutschen Frage versagt hätte.

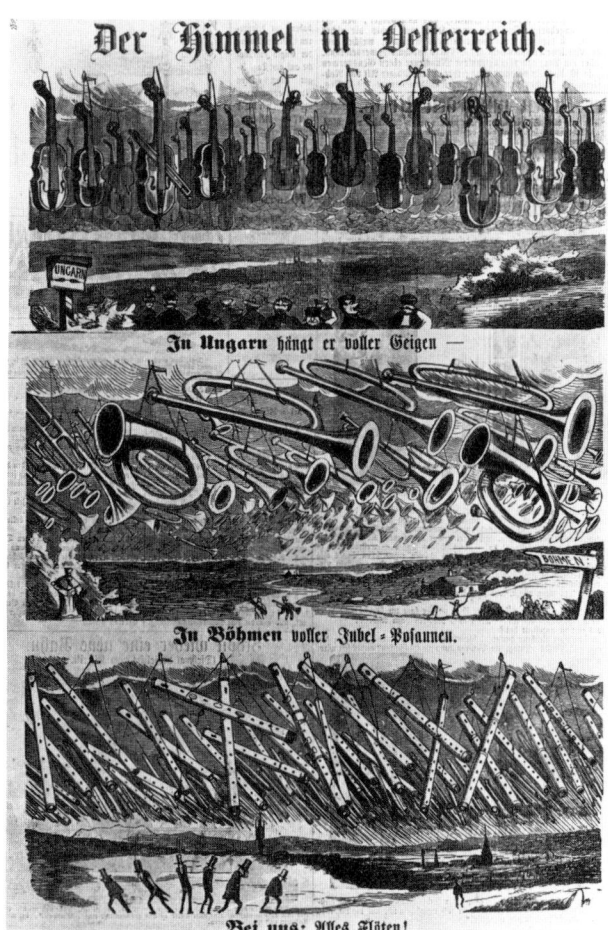

Die Verfassung/Experimente und Sistierung

25. Links: Mit der Aufhebung der Februarverfassung lebten die föderalistischen Wünsche der nichtdeutschen Nationalitäten, vor allem der Ungarn und der Böhmen, wieder auf. Die Karikatur illustriert die Enttäuschung der Deutschen.

26. Links: Belcredi trägt den kleinen Sarg — die Verfassung existierte erst seit kurzer Zeit —, hinter ihm Schmerling als Vertreter der deutschliberalen Regierung und der durch seine Zipfelhaube charakterisierte „deutsche Michel".

27. Die Karikatur zeigt Belcredi und Schmerling in einem chemischen Laboratorium. Die Aufschriften auf den Flaschen erinnern an die verschiedenen Verfassungsformen: den Absolutismus, die Revolution 1848, den Neoabsolutismus unter Bach, das Oktoberdiplom unter Goluchowski, auf dessen föderalistische Grundidee auch Belcredi zurückgriff, und das liberal-zentralistische Februarpatent unter Schmerling.

Der Krieg gegen Preußen und Italien 1866

Daß die habsburgische Herrschaft in Oberitalien den Italienern ein Dorn im Auge war, der sie in ihren Einigungsbestrebungen behinderte, war schon im Krieg des Jahres 1859 deutlich geworden. Ein zweiter Schauplatz der europäischen Geschichte sah Österreich ebenfalls als Hindernis auf dem Weg zur nationalen Einigung: Deutschland oder das Reich, wie immer man es bezeichnen mag.

Als Kaiser Franz II. (I.) das Heilige Römische Reich Deutscher Nation unter dem Druck der napoleonischen Erfolge und der Gründung des Rheinbundes auflöste, entstand ein Machtvakuum, das grundsätzlich zwei Möglichkeiten eröffnete. Einerseits die sogenannte „großdeutsche Lösung", das heißt die Rekonstruktion des Alten Reiches unter einem anderen Titel unter der Führung des katholischen Österreich und natürlich unter Einschluß der von den Habsburgern beherrschten Gebiete des ehemaligen Reiches, also der Erblande und Böhmens. Die Alternative dazu war die sogenannte „kleindeutsche Lösung", das heißt die Vereinigung der Gebiete des Alten Reiches exklusive der von den Habsburgern beherrschten Territorien unter der Führung der protestantischen Hohenzollern-Dynastie Preußens, die seit dem 18. Jahrhundert zur bedeutendsten Konkurrenz für die Habsburger im Reiche aufgestiegen war. Nachdem sich 1815 nach den napoleonischen Kriegen und 1848 nach der Revolution, die auch in Deutschland ihre Auswirkungen hatte, immer wieder die großdeutsche Lösung im deutschen Bund durchgesetzt hatte, drängte Preußen und allen voran der deutsche Kanzler Otto von Bismarck auf eine Lösung im kleindeutschen Sinne. Bismarck sah den Weg in „Blut und Eisen", also einer gewaltsamen Lösung dieser Frage.

Nach einer Reihe von Auseinandersetzungen im Deutschen Bund, die in komplizierter Weise mit der Bundesverfassung zusammenhingen, und dem preußisch-österreichischen Krieg gegen Dänemark, das die Fürstentümer Schleswig und Holstein zu annektieren versucht hatte, kam es schließlich 1866 zum offenen Kampf zwischen Habsburg und Hohenzollern. An Preußens Seite stand Italien, dem 1859 nur die Lombardei zugefallen war. Während die Österreicher an der italienischen Front relativ erfolgreich gewesen sind, wurden sie am nördlichen Kriegsschauplatz schnell und entscheidend in der Schlacht bei Königgrätz geschlagen. Die Rückständigkeit der österreichischen Armee mit ihren Vorderladergewehren, die Unterlegenheit des österreichischen Heerführers Ludwig von Benedek gegenüber dem strategischen Genie Helmuth von Moltkes und verschiedene andere Faktoren werden für diese Niederlage verantwortlich gemacht. Wenige Schlachten haben die Geschichte der Habsburgermonarchie so tief beeinflußt wie diese Niederlage. Die Habsburger verloren zwar keine Gebiete an Preußen, das sich weise zu bescheiden verstand, um sich Österreich als zukünftigen Bündnispartner zu sichern, aber es verlor das reiche Venetien an Italien. Die entscheidendere Tatsache allerdings war, daß Österreich damit als Konkurrent in der deutschen Frage ausgeschieden war und Preußen auf dem Wege zur Realisierung der kleindeutschen Lösung war, die schließlich 1870/71 zum Deutschen Kaiserreich unter Hohenzollerns Herrschaft führen sollte.

Wieder war der Prestigeverlust der Habsburger auch innenpolitisch spürbar, und eine Veränderung des innenpolitischen Systems war die Folge der Niederlage bei Königgrätz.

28. Neben der außenpolitischen Isolierung der Habsburgermonarchie war sicher auch die schlechte Organisation der Armee und die Unterlegenheit der Feldherren kriegsentscheidend. Die Karikatur verspottet das schlechte Nachrichtensystem, die Schlacht bei Königgrätz am 3. Juli 1866 ist 10 Tage später noch nicht richtig gemeldet worden.

Der Krieg gegen Preußen und Italien 1866

Kladderadatsch: „Dem deutschen Viktor Emanuel und dem deutschen Cavour empfiehlt sich alleruntertänigst ein deutscher Garibaldi."

29. Vor den preußischen König (und späteren deutschen Kaiser) Wilhelm I. und seinen Kanzler Bismarck tritt eine Symbolfigur, der 1848 entstandene Kladderadatsch, der einer satirischen Zeitschrift den Namen gab und hier durch die Barttracht auf Cavour anspielt. Die Karikatur ist mehrdeutig. Einerseits spielt sie auf das revolutionäre Element — Garibaldi, aber auch der Kladderadatsch — der Entstehung eines Nationalstaates an, andererseits könnte dahinter auch ein Hinweis auf die Hilfe Italiens von Süden her bei der Einigung Deutschlands — ähnlich der Aktion Garibaldis in Süditalien — gemeint sein.

Die Deutschen

Der deutschsprachige Anteil der Bevölkerung der Monarchie, der größtenteils in den Donau- und Alpenländern, dem Südtiroler Gebiet und im Sudetenland wohnte, war politisch schon lange führend. Ein Großteil des Adels sprach, wenn er nicht französisch vorzog, deutsch, und die Bürokratie und die Armee – die Stützen der Macht – waren beherrscht von den Deutschen der Monarchie. Auch das Bürgertum, das mit der industriellen Revolution entstand, war vorwiegend deutschsprachig.

Während in der zweiten Hälfte des 19. Jahrhunderts fast alle anderen Nationalitäten der Monarchie ein recht einheitliches Nationalbewußtsein entwickelten, gab es unter den Deutschen – ähnlich wie bei der „deutschen Frage" und mit ihr in innigem Zusammenhang stehend – zwei Gruppen. Eine, die zur Erhaltung der alten Monarchie tendierte, selbstverständlich unter Beibehaltung der deutschen Vorherrschaft, und eine, die „kleindeutsch" war und insbesondere nach 1870/71 für einen Anschluß der deutschsprachigen Länder der Monarchie an das deutsche Kaiserreich plädierte.

Allen Deutschsprachigen der Monarchie war eines gemeinsam: ihre Angst, innerhalb des Staates politisch zu jener Minderheit zu werden, die sie gemessen an den Bevölkerungszahlen waren. Sie fühlten sich immer bedroht – zunehmend allerdings nach dem Ende der „deutschliberalen Regierung" Ende der 70er Jahre. Sie fürchteten die „Slawisierung ihres Staates" und verunglimpften daher alle andere Nationalitäten, die sie politisch unterdrückten.

Am gravierendsten war das Problem natürlich in Böhmen, wo es in den Randgebieten eine zahlenmäßig starke deutsche Bevölkerung gab, die befürchtete, von den verhältnismäßig stärker wachsenden Slawen überflügelt und schließlich slawisiert zu werden.

Die Karikaturen beziehen sich vorwiegend auf die Situation des Jahres 1866, die man von Seiten der Deutschsprachigen der Monarchie als einschneidend empfand. Das Hinausdrängen Österreichs aus dem Deutschen Bund schien dieser Bevölkerungsgruppe symbolhaft – wie die spätere Entwicklung zeigt, sollte sie recht behalten – die kleindeutsche Lösung wurde verwirklicht, und die Deutschen des Habsburgerstaates standen immer stärker wachsenden Schwierigkeiten mit den anderen Nationalitäten gegenüber.

Noch vor dem Entstehen einer eigenen deutschnationalen Partei, einer Bewegung, die explizit kleindeutsch orientiert war, sehen die Karikaturen der liberalen satirischen Zeitschriften den logischen Schritt für die Deutschsprachigen in einer Vereinigung mit Deutschland, aber die anderen Nationalitäten mit denen ihr Schicksal durch das Bestehen des gemeinsamen Staates so eng verbunden ist, halten sie zurück, verhindern ihren Anschluß an die sich vereinigenden deutschen Staaten. Diese Karikatur ist natürlich auch gegen den Staat und die Dynastie – eine Vereinigung mit den anderen deutschen Staaten wäre ja nach Königgrätz nur mehr unter Hohenzollerns Führung denkbar gewesen – gerichtet.

Als die Nationalitätenkonflikte stärker werden, die Forderungen der anderen Nationalitäten vehementer, ihr wirtschaftlicher, gesellschaftlicher und kultureller Aufschwung immer deutlicher spürbar, wenn auch von den Deutschen geleugnet oder aus ihrer Weltsicht ausgeblendet, fühlen sie sich zunehmend im Käfig der Monarchie eingesperrt.

Der Magnet.

Dem deutschen Parlaments-Magnet
Kein neuer Deutscher widersteht.
Der Oesterreicher bleibt zurück allein,
Denn Böhm' und Ungar sagen: Darf net sein!

Die Deutschen

30. Links: Nach der Entscheidung bei Königgrätz begraben Wilhelm und Bismarck den Deutschen Bund. Die lachenden Besucher der Zeremonie sind die Großmächte im Hintergrund, klar erkennbar Frankreich (Napoleon III.) und Rußland. Die Figur mit der Trauerschleife um den Arm könnte die Habsburgermonarchie (mit charakteristischer Armeemütze) symbolisieren.

BILDTEXT:
Und als sie ihn zu Grabe gebracht, hat Niemand geweint, aber Mancher gelacht!

31. Links: Die Karikatur spielt auf die im Sinne der kleindeutschen Lösung durchgeführte Einigung Deutschlands an. Während die süddeutschen Staaten — sogar Bayern — sich unter Preußens Führung vereinen, bleiben die Deutschen Österreichs, gehalten von Tschechen und Ungarn, zurück.

32. Rechts: Der deutsche Michel wird von Böhmen (symbolisiert durch den zweischwänzigen Löwen), Polen (der polnische Adler mit der charakteristischen Polenmütze) und anderen Nationalitäten angegriffen („Schwabe" war ein in Ungarn gebräuchlicher Ausdruck für die Deutschen).

Wahlspruch des deutsch-österreichischen Michels im Nationalitäten-Käfig:

„Der wackere Schwabe forcht sich nicht!"

Der Ausgleich mit Ungarn

Der verlorene Krieg 1866 und die blamable Tatsache, daß Österreich sowohl aus der italienischen als auch aus der deutschen Politik weitgehend ausgeschaltet wurde, konnte auf die innere Situation des Landes nicht ohne Rückwirkung bleiben. Der Schritt, zu dem man nach der ersten Niederlage nur zögernd angesetzt hatte, mußte jetzt gemacht werden. Zwei Dinge resultierten aus dem Prestigeverlust des noch immer stark absolutistische Züge tragenden Systems: einerseits war es nötig, sich wenigstens mit einer der Nationalitäten der Monarchie auszusöhnen und deren nationale Wünsche zu erfüllen; und andererseits konnte man die volle Durchsetzung und Herrschaft des Liberalismus nicht mehr länger verhindern.

Die Ungarn, deren Geschichte eine fortlaufende Serie von Aufständen gegen die habsburgische Herrschaft seit dem Jahre 1526 gewesen war, hatten sich zuletzt 1848/49 empört. Diesmal war der Aufstand so weit gegangen, daß im Frühjahr des Jahres 1849 in Debreczen das Haus Habsburg-Lothringen der ungarischen Krone für verlustig erklärt und Ungarn zu einer Republik unter Führung von Lájos Kossuth umgewandelt wurde. Mit der Niederlage der Revolutionäre bei Világos 1849 war der Traum von der ungarischen Freiheit wieder einmal ausgeträumt. Das Land wurde aller Privilegien für verlustig erklärt – man nennt das „Verwirkungstheorie" – und unter eine strenge militärische Verwaltung gestellt.

Hatte man schon nach 1859 gewisse Zugeständnisse an das Reich der Stephanskrone machen müssen, so konnte nach dem Jahr 1866 die Verwirkungstheorie nicht mehr länger aufrechterhalten werden, es kam zum „Ausgleich mit Ungarn". Formalrechtlich gesehen ist dieser Ausgleich ein Vertrag zwischen Kaiser Franz Joseph in seiner Funktion als König von Ungarn mit der ungarischen Bevölkerung, repräsentiert durch die ungarische Adelsnation. Das Königreich Ungarn, das auch Kroatien und Slawonien einschloß, wurde politisch und verwaltungsmäßig vom anderen Teil der Monarchie abgetrennt und war in Personalunion durch die Person des Kaisers von Österreich und apostolischen Königs von Ungarn verbunden. Darüber hinaus gab es aber auch eine Realunion, das heißt drei gemeinsame Bereiche und die entsprechenden Ministerien: Außenpolitik, Heerwesen und Finanzen. Diese Doppelmonarchie, die man nach der Abkürzung k.u.k. (kaiserlich und königlich) auch Kakanien nannte, wurde durch einige Klammern notdürftig zusammengehalten; durch das gemeinsame Herr mit deutscher Kommandosprache, durch die Aristokratie und die Person des Monarchen.

Doch die Konflikte der beiden Reichsteile waren groß. Die Ungarn auf der einen und die Deutschen auf der anderen Seite dominierten politisch die beiden Reichshälften. Die anderen Nationalitäten, allen voran die Tschechen, waren überaus unzufrieden. Doch auch die Deutschen waren mit diesem Ausgleich, der alle 10 Jahre erneuert werden mußte, unglücklich. Die finanzielle Belastung der beiden Reichshälften war ungleich, die westliche Reichshälfte zahlte wegen ihrer höheren Industrialisierung 70%, während die östliche Reichshälfte nur 30% des gemeinsamen Budgets zahlen mußte.

33. *Ausnahmsweise haben wir mit dieser sehr subtilen und ein wenig ins Symbolistische gehenden Zeichnung ein versöhnliches Bild, das nicht von der sonst vorherrschenden nationalen Gehässigkeit geprägt ist, vor uns.*

Der Ausgleich mit Ungarn

34. Auch das Königreich der Stephanskrone war ein Vielvölkerstaat, daher mußten sich die politisch dominierenden Ungarn zu einem Ausgleich mit den Kroaten, der wichtigsten Minorität, entschließen.

Der kleine Bruder.

Der österreichisch-ungarische Ausgleich lernt seinen kleinen Bruder, den ungarisch-kroatischen Ausgleich kennen.

Auf diese Schulter wird noch halbes Pfund Silber kommen müssen, denn Ausgleich muß jetzt überall sein.

35. Die Anspielung auf das Silber weist auf den Ärger der Deutschen über die Quotenregelung hin, welche die Lasten der gemeinsamen Politik ungleich verteilte: die Ungarn brachten 30%, die cisleithanische Reichshälfte aber 70% des Budgets auf.

Die ungarische Reichshälfte

Durch den Vertrag von 1867 waren zwei beinahe unabhängige Teile der Monarchie entstanden. Einerseits jenes Gebilde, das den komplizierten, ja fast kabarettreifen Namen trug: „Die im Reichsrat vertretenen Königreiche und Länder". Andererseits die Länder der heiligen Stephanskrone, das Königreich Ungarn, in dem es neben den politisch dominierenden Magyaren auch andere Nationalitäten gab.

Mit der Teilung der Macht in der Habsburgermonarchie zwischen den Deutschen in der westlichen und den Ungarn in der östlichen Reichshälfte war es in der innenpolitischen Szene zu einer völligen Trennung gekommen. Ohne einen deutschzentralistischen Standpunkt einzunehmen, wird schon aus sprachlichen Gründen – auch Karikaturen sind textgebunden – die westliche Reichshälfte im Vordergrund stehen, doch soll die Entwicklung der ungarischen Reichshälfte kurz und recht allgemein charakterisiert werden.

Im Königreich des Heiligen Stephan wohnten auch nach dem Ausgleich noch andere Völker als die Magyaren, so die Kroaten, die Rumänen, die Deutschen, daneben eine ganze Reihe von Minderheiten, allen voran Juden und Zigeuner.

Die Ungarn unterdrückten ihre nichtungarischen Nationalitäten sicher nicht weniger als die Deutschen es in der westlichen Reichshälfte taten, und ebenso wie das Deutsche war auch das Ungarische die Sprache des Aufstieges, von der ungarischen Nation ging eine starke Attraktivität für die anderen, insbesondere die kleinen Nationalitäten aus. Viele Karikaturen nehmen auf die Situation zwischen Ungarn und Kroaten, die schließlich zum ungarisch-kroatischen Ausgleich geführt hat, Bezug.

Der Hauptärger der Karikaturen in den deutschsprachigen Journalen war allerdings die Tatsache des Ausgleiches an sich, die Deutschen fühlten sich von den Ungarn übervorteilt, meinten, daß sie zahlten und die Ungarn dafür feierten, beklagten bitter die Ungerechtigkeit der Quoten und stets neuen Forderungen der Ungarn nach mehr Rechten.

Auch die ungarischen Magnaten mit ihren historischen Trachten – sicherlich ein gutes Objekt für jeden Karikaturisten – waren immer wieder Thema des Spottes der Deutschen. Die Karikatur auf den Besuch der Weltausstellung in Paris durch einen in voller Nationaltracht gekleideten Ungarn ist das köstlichste der vielen Beispiele für diesen Typus der Ironie.

Die ungarische Innenpolitik, die ebenso unstabil war wie die der westlichen Reichshälfte, war meist nur dann Thema der Karikaturen, wenn sie irgend etwas mit dem Ausgleich oder den damit zusammenhängenden Forderungen der Magyaren zu tun hatte.

36. Oben: Die altungarische Magnatentracht war immer wieder Gegenstand des Spottes von seiten eines sich „modern" und aufgeklärt fühlenden Bürgertums.

37. Gegenüberliegende Seite, oben: Der ungarische Ministerpräsident Koloman Tisza und der cisleithanische Ministerpräsident Eduard Taaffe im Gespräch. Rechts im Käfig Ungarn (mit dem Beil), Deutsche (mit der Zipfelmütze) und Kroaten in Auseinandersetzung. Vor dem Käfig links Deutsche, Polen (mit der Polenmütze) und Tschechen.

BILDTEXT:
Tisza: Lieber Graf Taaffe, möglich daß Oesterreich kein Käfig ist, und in königlich ungarisches Ausland Völker sind zusammen gesperrt, hát, raufen thun sich in und außer Käfig!

38. Gegenüberliegende Seite, unten: In den Augen eines deutschen Karikaturisten war Ungarn ein unterentwickeltes Land. Die Karikatur ist bezeichnend für die Überheblichkeit der Deutschen der Monarchie gegenüber den anderen Nationalitäten.

Die ungarische Reichshälfte

Begeben sich nach Pest und studiren den Handel daselbst, bewundern die Einfachheit der Justiz, die Gastfreundschaft gegen obdachlose Räuber, die Leichtigkeit der Geldbeschaffung und finden Alles ihren eigenen Sitten und Gebräuchen entsprechend.

Die Dezemberverfassung

Der Liberalismus der Habsburgermonarchie basierte wie überall in Europa auf einer Gruppe der Bevölkerung, die man als die „liberale Klasse" zu definieren versucht hat und die mit dem Schlagwort „Besitz und Bildung" umschrieben werden kann. Das heißt, einerseits war der Liberalismus die herrschende Ideologie der Bourgeoisie, die in der Zeit des Neoabsolutismus zu wirtschaftlichem Reichtum gekommen war, und andererseits waren es die intellektuellen Eliten, die diese Weltanschauung vertreten haben.

Nachdem der Liberalismus im zweiten Anlaufsversuch in der Ära Schmerling durch die Sistierungsepoche erneut in seiner Entwicklung unterbrochen wurde, war nach 1866 keine Möglichkeit mehr gegeben, eine liberale Herrschaft von seiten des Kaisers zu verhindern. Ausdruck dieser Entwicklung war die Dezemberverfassung des Jahres 1867, durch die eine Hauptforderung der Liberalen nach Konstitutionalismus und Teilnahme der Repräsentanten von Besitz und Bildung an der Regierung des Staates erfüllt wurde.

Diese Dezemberverfassung, die kein einheitliches Verfassungswerk ist, sondern aus mehreren Gesetzen über verschiedene Teilbereiche des verfassungsmäßigen Lebens besteht, ist im Gegensatz zu allen vorher in Österreich gültigen Verfassungen – etwa der Pillersdorfschen Verfassung von 1848 oder die bis zum Silvesterpatent 1851 gültige oktroyierte Verfassung vom 4. März 1849, dem Oktoberdiplom und dem Februarpatent – keine vom Herrscher erlassene, sondern eine in einer verfassungsgebenden Körperschaft, im Reichsrat, erarbeitete.

Die Dezemberverfassung ist eine im klassischen Sinne liberale Verfassung, die auf dem Grundsatz der Repräsentation von Besitz und Bildung aufbauend, ein eingeschränktes, an eine bestimmte Steuerleistung gebundenes Wahlrecht enthielt. Das Wahlrecht war nicht nur ein Zensuswahlrecht, sondern auch ein Kurienwahlrecht, wodurch den Vertretern einzelner gesellschaftlicher Schichten unterschiedliches Gewicht zukam. Die Herrschaft einer kleinen Schicht – nur etwa 6% der Bevölkerung waren wahlberechtigt – konnte durch dieses elitäre Wahlrecht aufrechterhalten werden. Die Ungerechtigkeiten dieses Systems sind offensichtlich; so wählten etwa zwei Dutzend Vertreter der Handels- und Gewerbekammern, also der Hochbourgeoisie, ebenso einen Abgeordneten wie einige Tausend Stimmberechtigte als Vertreter der ländlichen Gemeinden.

Doch sieht man von diesen, dem älteren Liberalismus immanenten Defekten der Verfassung ab, war diese Gesetzgebung ein erster Erfolg der Liberalen, die nur eine Gemeinsamkeit in ihrer sonst innerlich zerstrittenen und zerrissenen Partei hatten: das unbedingte Festhalten an dieser Verfassung, die einerseits die Vorherrschaft der Deutschen staatsrechtlich stützen konnte und andererseits die Herrschaft von „Besitz und Bildung" garantierte.

Die Dezemberverfassung blieb – sieht man von den Zeiten ab, in denen mit dem Notverordnungsparagraphen (§ 14) regiert wurde – bis zum Ende der Monarchie gültig.

40. Rechts: Der ultramontane „Dunkelmann" (er repräsentiert in den Augen der Liberalen den Klerus) sieht sich durch die auf die üppig-voluminöse Damenmode übertragenen politischen Strömungen in seiner Beweglichkeit behindert.

Die Dezemberverfassung

39. Links: Die Karikatur spielt auf die außenpolitischen Katastrophen und ihre innenpolitischen Folgen (Februarpatent und Durchsetzen der Liberalen) an.

Stellung der historisch-politischen Individualitäten nach Anordnung

der Zentralisten,

der Föderalisten.

Letztere Gruppirung, welche sowohl eine vollkommen freie Bewegung der Einzelnen gestattet, als auch den verschiedenen nationalen Bedürfnissen Rechnung trägt, bietet noch den unschätzbaren Vortheil, daß der Schwerpunkt Aller offenbar gegen das Zentrum hinfällt, während er sich bei der oberen Gruppe in die Peripherie vertheilt.

41. Die Grundfrage der Verfassungsentwicklung in der Habsburgermonarchie war das Schwanken zwischen föderalistischen und zentralistischen Lösungsmodellen. Die einzelnen Nationalitäten sind durch Kopfbedeckungen (Polenmütze, Zipfelhaube der Deutschen, der runde Hut der Tschechen, die ungarische Nationalmütze mit der Feder etc.) und durch typische Attribute (Knödel für Tschechen, Pfeife und Bier für Deutsche, Schnaps für Kroaten etc.) gekennzeichnet.

Die Kultur der Ringstraßenzeit

Der wirtschaftliche Aufschwung, der nach 1848 begann, hatte auch kulturelle Auswirkungen. Die Kultur dieser Zeit, vom aufstrebenden Bürgertum getragen, wird Kultur der Gründerzeit oder auch Kultur der Ringstraßenzeit genannt. Die Stadt Wien war bis in die zweite Hälfte des 19. Jahrhunderts hinein von einer mittelalterlichen Befestigung umgeben. Im Jahre 1857 willigte der Kaiser ein, diese schon lange sinnlos gewordenen Wälle zu schleifen und an ihrer Stelle die Ringstraße anzulegen.

Diese Straße als Symbol einer ganzen Kulturepoche wurde im Sinne des Historismus ausgebaut, das heißt man griff verschiedene Stilrichtungen auf, die man entsprechend einem genau ausgeklügelten Programm einsetzte. Jedes Gebäude dieser Ringstraße ist in jenem Stil erbaut, das seiner Funktion entspricht, das Parlament im Stile eines griechischen Tempels, weil die Demokratie im antiken Griechenland entstanden war, das Rathaus im Stil flämisch-deutscher Gotik des Spätmittelalters, weil in dieser Epoche die städtische Selbstverwaltung gipfelte, etc.

Heinrich Benedikt hat diesen spefizischen Ringstraßenstil „Stil der Stillosigkeit" genannt; erst in letzter Zeit, im Zuge der Neubewertung des Historismus und mit der Idee des Ensemblegedankens, findet er wieder seine Verehrer unter den Kunsthistorikern.

Die Ringstraße war Ausdruck eines Lebensstils, die breite, für Festzüge – und wie sich später sehr zum Unwillen des Bürgertums herausstellte – auch für Demonstrationsaufmärsche gut geeignete Straße war gesäumt von öffentlichen Gebäuden und den Palästen der Geldaristokratie, volkstümlich spöttisch ‚palazzi prozzi' genannt. Daneben standen Luxushotels und die berühmten Ringstraßen-Cafés, von denen nur wenige der Transformation in Banken entgangen sind. Die Ringstraße war als Symbol ihrer Zeit für den Bummel der Eliten, der Bürger und Intellektuellen, angelegt und symbolisiert die Herrschaft des Liberalismus im Bereich der Kultur.

Der markanteste Vertreter dieser Kultur in ihrer Spätphase – 1873 mit dem Börsenkrach zeichnet sich ihr Ende ab – und in ihren Nachwirkungen war der Maler Hans Makart. Seine Historienbilder und Porträts, aber auch seine Feste – die berühmten Atelierfeste ebenso wie der Festzug zur Silberhochzeit des Kaiserpaares 1879 – prägten die Epoche. Es gab geradezu eine Makartmode; neben dem Makart-Bukett (einem zu Dekorationszwecken verwendeten Strauß aus getrockneten Blüten, Blättern und Früchten) gab es auch Makart-Hüte, Makart-Krägen, etc. Die Kunst Makarts mit ihren Rückwendungen zur Renaissance und zum Barock, in ihrer Sinnlichkeit, Üppigkeit und Dekorationsfreude ist Ausdruck für die alle realen Probleme negligierenden Haltung des Großbürgertums, insbesondere der kaiserlichen Haupt- und Residenzstadt Wien.

42. Neben den öffentlichen Gebäuden (Theater, Museen, Universität etc.) entstanden an der Ringstraße auch etwa 60 Prachtbauten der Hochbourgeoisie, teilweise Paläste und teilweise auch Wohnhäuser, die den Stil der Periode mitprägten. Der dicke, gemütlich auf dem Balkon liegende und Pfeife rauchende Bürger ist Symbolfigur für die neureichen „Ringstraßenbarone".

Die Kultur der Ringstraßenzeit

43. Eine Zentralfigur der Ringstraßenzeit war der Maler Hans Makart, der auch den Festzug in historischen Gewändern anläßlich der Silberhochzeit des Kaiserpaares 1879 gestaltete. Er selbst, der sehr klein — fast zwergenhaft — war, nahm im Renaissancekostüm am Umzug teil.

44. Ein kritischer Blick hinter die Fassaden des prunkvollen Festzuges von 1879. Die Unzufriedenheit und Armseligkeit des Kleinbürgertums, das Makart historisch vertuschend stilisiert hatte, wird im Alltag gezeigt.

Die konfessionellen Gesetze 1868

Als die Liberalen in Österreich nach dem vergeblichen Versuch 1848 und nach den Niederlagen der Habsburgermonarchie in zwei Kriegen schließlich 1867 doch zur Herrschaft gekommen waren, war eines ihrer Hauptanliegen ein kirchenpolitisches. Für den Liberalismus war das Konkordat von 1855 ein Symbol für den Absolutismus, der die liberalen Bestrebungen lange unterdrückt hatte. Man mißtraute von seiten der Liberalen dem Kaiser, unterstellte ihm absolutistische Bestrebungen, fürchtete um die eben erreichte Verfassung. Aber gegen den Kaiser selbst konnte man nicht direkt ankämpfen, so nahm man das Konkordat zur Zielscheibe – schlug den Knecht und meinte den Herrn.

Die liberalen Zeitungen vertraten vehementest die Ansicht, daß das Konkorat – dessen Bestimmungen schon mit der Dezemberverfassung 1867, die eine Gleichstellung der Staatsbürger aller Konfessionen verankert hatte, im Widerspruch standen – gekündigt und vollkommen aufgehoben werden müsse. Die liberalen Politiker allerdings konnten, nicht zuletzt aus Rücksicht auf Kaiser Franz Joseph, der eine Aufhebung des Vertrages ablehnte, aber auch mit Rücksicht auf das zwar zum Gutteil josephinisch gesinnte, aber doch konservative Herrenhaus, nicht so radikal vorgehen. Der Vertrag blieb zunächst bestehen, wurde formell nicht aufgehoben, aber durch gezielte Einzelgesetzgebung in wesentlichen Punkten durchbrochen. Der liberale Justizminister Eduard Herbst legte drei Gesetzesanträge vor: Entwürfe zu einem Ehegesetz, einem Schulgesetz und einem interkonfessionellen Gesetz, die allesamt den Charakter eines Kompromisses trugen. Das wichtigste dieser Gesetze war ohne Zweifel das Schulgesetz, das die im Konkordat vorgesehene Schulaufsicht der Kirche über alle Gegenstände der Volksschule, nicht bloß den Religionsunterricht, aufhob und damit zwar ein säkulares Schulwesen förderte, allerdings durch die Zementierung der Position des Pfarrers in der Schulaufsichtsbehörde den klerikalen Einfluß nicht völlig beseitigte. Auch das Ehegesetz stellte einen Kompromiß mit der Kirche dar: die von den radikalen Gruppen der Liberalen geforderte obligatorische Zivilehe wurde nicht Gesetz, weiterhin blieb die kirchliche Eheschließung rechtskräftig, das Gesetz regelte nur Sonderfälle – Ehen zwischen Angehörigen verschiedener Konfessionen etwa – und sprach dem Staat die Rechtssprechung in Eheangelegenheiten zu. Trotz dieser relativ weichen Gesetzgebung feierten die Liberalen diese im Mai 1868 vom Kaiser sanktionierten Gesetze als einen Triumph des Säkularismus über die „finsteren Mächte der Kirche", die – vom Papst bis hinunter zum letzten Dorfpfarrer – mit einer lautstarken Polemik gegen den Liberalismus reagierten.

46. Rechts: Der extremste Kämpfer gegen die konfessionellen Gesetze war der Linzer Bischof Rudigier, den man unter Anklage stellte. Er anerkannte allerdings nicht — darauf spielt die Karikatur an —, daß ein weltliches Gericht für ihn zuständig sei. Dennoch wurde er verurteilt, gleich darauf aber vom Kaiser begnadigt.

Die konfessionellen Gesetze 1868

45. Links: Der Kikeriki, die Symbolfigur dieser liberalen satirischen Zeitschrift, kritisiert, daß man das Konkordat nicht aufgehoben, sondern nur durch eine Spezialgesetzgebung in wesentlichen Punkten durchlöchert hat — eine Tatsache, die durch das Symbol des Schirmes, aus dem ein Segment herausgeschnitten wurde, ausgedrückt ist.

47. Viele Mitglieder des Herrenhauses aus der Aristokratie stimmten zwar letztlich aus josephinischer oder liberaler Gesinnung für die konfessionellen Gesetze und damit gegen das Konkordat, aber die Liberalen waren sich der Haltung dieser „Verbündeten" nicht sicher. Diese Karikatur führt in trefflichen Situationen vor Augen, wie ein Mitglied des Herrenhauses verunsichert wird.

Der Börsenkrach 1873

Die Zeit des Neoabsolutismus, in der es schon zu einer wirtschaftlichen Liberalisierung gekommen war, und insbesondere die Herrschaft des Liberalismus in der Habsburgermonarchie standen im Zeichen eines gewaltigen Wirtschaftsaufschwunges.

Vor allem der Bau der Ringstraße in Wien, wo man die alten Befestigungsanlagen schliff, um eine Prachtstraße anzulegen, hatte die Bauwirtschaft angekurbelt. Dazu kamen die Auswirkungen der Bauernbefreiung, durch deren Ablösesummen Kapital für die Industrie frei wurde, und die liberale Wirtschaftspolitik des Staates.

Ein wesentliches Element der Wirtschaftseuphorie der sogenannten Gründerjahre war auch die bewußte Propagierung der Beteiligung an wirtschaftlichen Unternehmungen für jedermann. In den Zeitungen wurde auch der „kleine Mann" aufgefordert sich zu bereichern, der Slogan „Enrichissez vous!" (Bereichert Euch!) war die Devise der Zeit. Banken wurden gegründet, Firmen und Aktiengesellschaften aus dem Boden gestampft, Eisenbahnlinien gebaut, Konzessionen für weitere vergeben.

Doch nicht alle Geschäfte, die angeboten wurden, waren seriöser Natur. Viele spekulative Unternehmungen erlebten nur ihre Gründung, viele Firmen machten Versprechungen über Gewinne, die sie nie hätten ausschütten können, und vielfach gab es überhaupt nur sogenannte Luftgeschäfte, die jeder realen und natürlich auch reellen Basis entbehrten.

Eine überhitzte Konjunktur war entstanden, ungesund wie ein Fieberschauer, zerfressen von Korruption und Schwindelgeschäften. Am 9. Mai 1873 schließlich kam es zum „Großen Krach" an der Wiener Börse. Dieser wirtschaftliche Zusammenbruch war umso peinlicher, als sich der Börsenkrach just zu jenem Zeitpunkt ereignete, als die Habsburgermonarchie durch die Wiener Weltausstellung ihren wirtschaftlichen Aufschwung und ihre Leistungen demonstrieren wollte.

Im Zusammenhang mit dem Börsenkrach, der vor allem die kleinen Sparer getroffen hatte, war es zu Korruptionsskandalen gekommen, in die viele Politiker der spöttisch „Aufsichtsratspartei" genannten Liberalen Partei verwickelt waren.

Das Mißtrauen gegen Wirtschaft und Liberalismus gingen Hand in Hand, dazu kam durch die besondere Situation Österreichs noch ein starker Antisemitismus. Ein beträchtlicher Teil der Unternehmer in diesem – in der Frühzeit – wenig kapitalstarken Land war jüdischer Herkunft, und so gingen Antikapitalismus, Antiliberalismus und Antisemitismus ein Bündnis ein, das für den weiteren Weg der Deutschnationalen und Christlichsozialen prägend werden sollte.

Der Krach mit seinen Folgen hatte die Herrschaft des Liberalismus in Österreich zwar erschüttert, aber noch nicht zu Fall gebracht, noch weitere sechs Jahre regierte die „Aufsichtsratspartei", wenn auch in ihr selbst der Ruf: „Wählet neue Männer!", der Ruf nach Politikern mit sauberen Händen, immer stärker wurde.

48. Rechts: Der Börsenkrach des Jahres 1873, bei dem viele Menschen ihre Ersparnisse verloren hatten, verstärkte den Antiliberalismus und den Antisemitismus. „Gimpelfang" war ein Ausdruck für das Anbieten unseriöser „Luftgeschäfte".

Der Börsenkrach 1873

49. *Links: Der große Krach hatte zu einer Verarmung vieler Spekulanten, die noch knapp davor ein „Herr Baron" — sozusagen der Wienerische Kaffeehaustitel ist damit gemeint — waren und plötzlich alles verloren hatten. Der „Handleh" war eine typische Volksfigur, meist waren damit jüdische Hausierer gemeint.*

50. *Rechts: Der Börsenkrach vom 5. Mai 1873 hatte zum Zusammenbruch vieler Firmen und Handelsgesellschaften geführt. Die Göttin des Glücks, Fortuna, streut Zetteln aus, die auf Konkurse, Pfändungen, Bankrotte etc. hinweisen.*

Wehe uns Allen

wenn die Fortuna so daher kömmt!

Die Bourgeoisie

Seit dem Beginn der Industrialisierung entwickelte sich in Österreich ein Bürgertum moderner Prägung, das allerdings verglichen mit anderen Ländern, insbesondere mit Westeuropa, immer schwach gewesen ist. Dieses Bürgertum, in dem Ausländer aus dem Westen Deutschlands, aus England und Frankreich, und auch Bürger jüdischer Herkunft stark vertreten waren, wuchs in Zahl und Bedeutung – nicht zuletzt durch den wirtschaftlichen Aufschwung des Habsburgerstaates nach 1848.

Mit der Durchsetzung des Liberalismus, das heißt mit dem Entstehen einer konstitutionellen Monarchie, hatte diese Gruppe der Bevölkerung auch ihr politisches Ziel erreicht, das sie vehement gegen Einbrüche von unten her – etwa gegen die Erweiterung des Wahlrechtes – schirmte. Ein Großteil dieser Bourgeoisie, die so vielfältiger Herkunft war, fühlte sich als deutsch – auch die Juden, die sich der deutschen Kulturgemeinschaft zugehörig fühlten und erst durch den später zum Deutschnationalismus hinzukommenden Antisemitismus Identifikationsschwierigkeiten mit der „Deutschen Sache" bekamen.

Diese Großbourgeoisie stellten vor allem die Besitzer der Fabriken und Banken, die Großgewerbetreibenden und im weiteren Sinne auch jene Intellektuellen, die enge Beziehung zu dieser herrschenden Schicht hatten: Juristen, Angehörige des Lehrkörpers der Universität und Ärzte. Diese reichen Familien, von denen einige dank ihrer Verdienste bei der Ausbeutung der Massen sogar in den Adelsstand aufgestiegen waren, und das höhere Beamtentum – auch hier häufig »Edle von« – bildeten die zweite Gesellschaft der Monarchie, die einerseits den Lebensstil des Adels imitierte, andererseits sich gegenüber Neureichen und natürlich gegenüber allen Angehörigen der Unterschichten strengstens abschloß.

Die Salons dieser Familien waren das Parkett, auf dem der Liberalismus sich zu bewegen verstand, ihr Mäzenatentum trug die Kunst der Zeit. Ein Makart etwa wäre ohne diesen gesellschaftlichen Hintergrund, zu dessen Stilisierung er beitrug, ebenso undenkbar wie die Ringstraßenarchitektur mit all den – wie man es scherzhaft nannte – „Palazzi prozzi", die Kultur der Wiener Operette oder die Fin-de-siècle-Literatur. Diese großbürgerliche Welt, die sich in Schnitzlers Dramen spiegelt und der Stefan Zweig in seinem großartigen Buch „Die Welt von Gestern" ein unvergängliches Denkmal gesetzt hat, war aufgebaut auf der Not großer Massen von Arbeitern, war eine Scheinwelt über dem Abgrund, die 1918 mit dem Untergang der Habsburgermonarchie ebenfalls vergehen sollte, um neuen, demokratischeren Gesellschafts- und Kulturformen Platz zu machen.

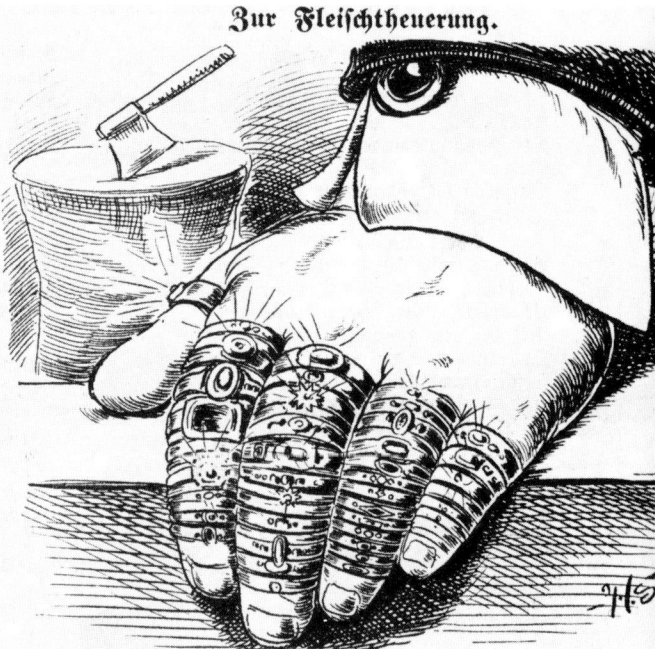

51. Rechts: Beide Figuren und das Ambiente sind typisch für das Großbürgertum: Der feiste Vater und sein Sohn im unvermeidlichen Matrosenanzug. In der Physiognomie des Vaters findet der latente Antisemitismus gegenüber dieser Gesellschaftsschicht seinen Ausdruck.

Die Bourgeoisie

52, 53. Das Bürgertum, das in der Revolution von 1848 noch für die Ideale der Freiheit gekämpft hatte, erreichte mit der liberalen Herrschaft und dem Konstitutionalismus sein Ziel und engagierte sich nur mehr für seine materiellen Vorteile. (Abb. oben und gegenüber oben.)

Triftiger Steigerungsgrund.

54. Rechts: Eine der „Feindgestalten" par excellence für den kleinen Mann war der Hausherr. Sicherlich waren diese nicht die reichsten Vertreter der Hochbourgeoisie, aber durch die unmittelbare Nähe — häufig wohnten sie im gleichen Haus — waren die Unterschiede im Lebensstandard offensichtlich.

Operetten und Walzerseligkeit

Sowohl der Walzer, dessen Entwicklung zumindest bis ins 18. Jahrhundert zurückverfolgt werden kann und dessen erste Blüte in den Vormärz fällt, als auch die Operette, deren Wurzeln auf das Wiener Volkstheater ebenso wie auf die französischen Singspiele des Jacques Offenbach zurückgehen, waren immer Ausdruck bürgerlichen Kulturwollens. In der Gründerzeit wurden die Werke Offenbachs und Franz von Suppés (der den Stil des Pariser Zynikers imitierte) in Wien heimisch, die erste typische Wiener Operette jedoch, die „Fledermaus" von Johann Strauß, ist nicht zufällig 1874 uraufgeführt worden.

In vieler Hinsicht ist die Operette Ausdruck jenes Nicht-Sehen-Wollens der Probleme, die für das Wiener und das Bürgertum der Gesamtmonarchie so charakteristisch war. Die „Fledermaus", ein Jahr nach dem großen Börsenkrach entstanden, ist ja schon von ihrer Handlung her zeittypisch. Eisenstein, ein Defraudant, ist der Held, das Gefängnis, in das er muß, ist das fideleste Haus der Welt – und während die Probleme der Welt von ihm abbröckeln, summt der satte Bürger mit: „Duwidu, duwidu, wenn wir morgen noch dran denken." Nicht nur über die wirtschaftlichen, auch über die nationalen Spannungen trug die Scheinwelt der Operette die Bürger hinweg; der Ungar ist einfach der gemütliche Schweinehirt Tschupan aus dem „Zigeunerbaron", die Tschechen sind freundliche, „böhmakelnde", dienende Geister, und sogar die als Minderheit so verachteten Zigeuner erlebten in der Operette geradezu eine Apotheose, die von ihrer wirklichen sozialen Position himmelweit entfernt war.

Die Welt der Operette des „Goldenen Zeitalters" ist Ausdruck des Überspielens der Schwierigkeiten wirtschaftlicher und politischer Art von seiten des Bürgertums. Man wollte im Rausch der Walzerklänge vergessen, daß die wirtschaftliche Realität nach 1873, daß die politische Realität nach 1879 für das deutsche Bürgertum der Monarchie nicht erfreulich war. Man baute sich eine Traum- und Scheinwelt auf, die man mit Musik veredelte.

Der große Mann der Stunde war ohne Zweifel Johann Strauß Sohn, der es verstanden hat, die Entwicklung des Walzers zu einem musikalischen Höhepunkt zu führen, der aber auch sensibel auf die verschiedenen Publikumskreise zu reagieren imstande war, die Stimmungen der Bevölkerung aufzunehmen und in häufig aktuellen Titeln (z.B. Revolutionsmarsch – Ligourianer Seufzer – Kaiser-Franz-Joseph Marsch – Viribus-unitis-Marsch – Telegraphische Depeschen – Rotunden-Quadrille etc.) seiner Musik zu unterlegen. Seine Erfolge haben Strauß zu einer Symbolfigur für dieses letzte Viertel des 19. Jahrhunderts werden lassen, die auch heute noch in der nostalgischen Rückwendung, im „Verkauf eines Kulturklischees" im Rahmen des Tourismus, nichts von ihrer Anziehungskraft verloren hat.

Der Johann Strauß will nach Berlin!

56. Rechts: Hier kommt deutlich zum Ausdruck, wie sehr man eine Verbesserung des politischen Klimas für notwendig hielt. Doch in diesem Bereich war wohl die schrankenlose Anerkennung einer Persönlichkeit, wie Strauß sie als Walzerkönig genießen konnte, kaum denkbar.

BILDTEXT:
Man mache den Johann Strauß zum Ministerpräsidenten und es wird sofort die allgemeine Zufriedenheit hergestellt sein.

Operetten und Walzerseligkeit

55. *Links: Der Kikeriki als Vertreter der Volksmeinung hält Johann Strauß Sohn — schon zu Lebzeiten ein Denkmal geworden — zurück, als dieser von Wien weggehen will.*

57. *Rechts: Die Operetten brachten in dieser Zeit volle Häuser und damit das große Geld, daher waren fast alle Theater gezwungen, diesem Publikumsgeschmack Rechnung zu tragen. Das Ausblenden der Probleme, die in der Operette verniedlicht wurden, stand sicher im Hintergrund dieser Vorliebe des Publikums.*

Die Bosnienkrise

Der Balkan war der Unruheherd par excellence im Europa des 19. Jahrhunderts. Das Osmanische Reich, einst der mächtigste und gefürchtetste Staat des Kontinents, war von inneren Krisen geschüttelt, war zum „kranken Mann am Bosporus" geworden, dessen Politik wie eine Marionette von den Großmächten bewegt wurde. Seit dem 18. Jahrhundert hat sich die Situation auf dem Balkan grundlegend verändert. Die Idee eines Glaubenskrieges gegen „Ungläubige" wich einer Machtpolitik in diesem Raum, Gegner waren nun nicht mehr Habsburger und Osmanen, sondern die Habsburgermonarchie und das Russische Reich, das – gestützt durch die Idee des Panslawismus und die gemeinsame orthodoxe Religion – großen Einfluß auf die slawischen Völker der Balkanhalbinsel ausüben konnte.

Rußlands Ziele waren nicht auf den Balkan beschränkt, auch gegenüber der asiatischen Türkei hatte man Forderungen, und die Beherrschung der Meerengen war ein Fernziel russischer Politik. Im Jahre 1878 kam es zu einer militärischen Auseinandersetzung zwischen den Russen und dem Osmanischen Reich, die schnell mit einem totalen Sieg der Russen endete, die bis vor die Tore der Hauptstadt Istanbul-Konstantinopel vordringen konnten. Im Frieden von San Stefano (dem heutigen Yeşilköy, Flughafen Istanbuls), setzte der Zar seine territorialen Wünsche ganz konsequent durch, entweder direkt oder durch die Bildung neuer, in einem Nahverhältnis zu Rußland stehender Balkanstaaten. Die Realisierung dieses Friedensvertrages hätte die Situation des Gleichgewichtes am Balkan zugunsten Rußlands völlig verändert, die europäischen Mächte waren daher geneigt, diesen Vertrag zu revidieren.

In dieser Situation bot sich der Kanzler des neugegründeten Deutschen Kaiserreichs, Otto von Bismarck, als „Ehrlicher Makler" (wie er selbst sagte) an, um in einer Konferenz aller Interessierten die Angelegenheit zu schlichten. Am Berliner Kongreß wurde also die Balkanfrage neu geregelt und der einseitigen Veränderung des Gleichgewichtes durch Rußland ein Riegel vorgeschoben.

Für die Habsburgermonarchie bedeutete dies, daß man ihr ebenfalls einen Gebietsgewinn am Balkan zugedacht hatte, und zwar wurden die überaus unruhigen osmanischen Provinzen Bosnien und Herzegowina und dazu der kleine, aber strategisch wichtige Sandschak Novipazar, durch den die geplante Eisenbahnlinie nach Saloniki/Thessalonike verlaufen sollte, unter österreichische Verwaltung gestellt. Offiziell blieben sie zwar weiterhin dem Sultan in Konstantinopel unterstellt, aber Österreich-Ungarn betrachtete sehr bald diese Gebiete, die man in schweren Annexionskämpfen gleichsam erst erobern mußte, als eigenes Territorium und hob dort etwa Truppen aus – völkerrechtlich gesehen stand das nur dem Sultan als Souverän zu.

Diese Gebietserweiterung der Monarchie, die wirtschaftlich unterentwickelte rückständige Gebiete einbrachte, fand nicht ungeteilt begeisterte Aufnahme. Zwar hatte das Habsburgerreich nach den Verlusten von 1859 und 1866 in Italien erstmals – und auch zum letztenmal – wieder Territorium gewonnen, doch die Deutschen wie auch die Ungarn waren Gegner der Annexion, was zu einer innenpolitischen Krise und zum Ende der deutschliberalen Regierung führen sollte.

58. *Die Katze (Italien) versucht als Kompensation für die von der Monarchie erworbenen neuen Provinzen italienischsprachige Regionen aus der Schüssel zu holen.*

BILDTEXT:
Frau Austria: Verflixte Katz'! Wie's glaubt, daß i net recht aufpaß, weil i neue Knödeln einleg' kommt's glei' g'schlichen und schaut, ob's was stibitzen kann!

Die Bosnienkrise

Der Türke: Ah! Ah! Soll'n's nur recht schön herrichten das Bosnien! Man zieht nachher um so lieber wieder ein!

59. Österreich-Ungarn, symbolisiert durch Repräsentanten der Armee, tapeziert ein Zimmer (Bosnien/Herzegowina), das dem Türken gehört. Es wird auf die Tatsache angespielt, daß die Habsburgermonarchie 1878 Bosnien und die Herzegowina nur okkupierte (staatsrechtlich blieben diese Gebiete im Besitz des Sultans) und viel Geld investieren mußte, das letztlich dem Osmanischen Reich zugute gekommen wäre, wenn es diese Provinzen wieder übernommen hätte.

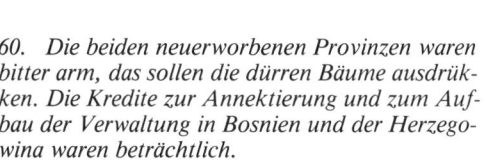

„Undankbare Arbeit."

60. Die beiden neuerworbenen Provinzen waren bitter arm, das sollen die dürren Bäume ausdrükken. Die Kredite zur Annektierung und zum Aufbau der Verwaltung in Bosnien und der Herzegowina waren beträchtlich.

Der Sturz der Liberalen

Der österreichische Liberalismus war durch die außenpolitische Entwicklung der Monarchie zur Herrschaft gelangt, wenn er auch im Inneren heftig nach Reformen verlangt hatte. Ebenso stürzte der Liberalismus über eine außenpolitische Frage, obwohl schon vorher einige Bruchstellen in seinem Herrschaftssystem sichtbar waren. Bereits der große Prestigeverlust durch den Börsenkrach 1873 hatte die Liberalen in Mißkredit gebracht, aber auch ihre Sturheit und Unnachgiebigkeit gegenüber den Forderungen der verschiedenen Nationalitäten, ihre konsequent antiklerikale Haltung, ihre beständige Weigerung, das Wahlrecht zu erweitern und damit weiteren Kreisen der Bevölkerung die Möglichkeit zur Teilnahme am politischen Leben zu geben, und letztlich ihre völlige Mißachtung der Nöte der Arbeiter, der sozialen Frage, hatten zur Entwicklung von Gegenkräften geführt. Andererseits gab es innerhalb der Liberalen selbst eine Spaltung in Alte und Junge, wobei die Jungen immer mehr ins deutschnationale Lager abgedrängt wurden. Auch das Verhältnis zwischen der liberalen Regierung, abhängig von der Gnade des Kaisers und daher überaus kompromißbereit gegenüber den konservativen Kräften der Gesellschaft und des Staates, der Verfassungspartei, einer sogenannten „Honoratiorenpartei" ohne feste Organisation und der liberalen Presse, die eine zentrale Macht im Lande darstellte, war unklar und oft genug durch Meinungsverschiedenheiten und Auseinandersetzungen belastet.

Als die Regierung und die liberale Partei sich weigerten, eine Wahlrechtsreform – bestehend in der Senkung des Zensus und damit einer Ausdehnung des Wahlrechtes – durchzuführen, waren die liberalen Journale „Die Presse", die „Neue Freie Presse" und das linksstehende, demokratische „Neue Wiener Tagblatt" für diese Wahlrechtsreform eingetreten. Doch zum eigentlichen großen Krach kam es erst, als die Verfassungspartei gegen die Vorlage der liberalen Regierung in der Frage der Annexion Bosniens und der Herzegowina stimmten. Sie argumentierte, daß diese beiden wirtschaftlich unterentwickelten Territorien ausschließlich von Slawen bewohnt waren und daß sich damit die Zahl der slawischsprechenden Bewohner der Monarchie erhöhen würde, was das Verhältnis zu den ohnehin schwächeren Deutschen weiter belasten würde.

Die liberale Verfassungspartei stimmte gegen die liberale Regierung Adolf Auersperg, das sogenannte Doktorenministerium. Sie fiel im Februar 1879, doch hielt sich eine interimistische (liberale) Regierung noch bis zum 11. Juli, der dann eine konservative Regierung folgte. Die Liberalen allerdings haben nicht, wie man das vielleicht erwarten würde, eine starke Opposition gebildet, sondern sind innerhalb kürzester Zeit völlig zerfallen. Ein Faktum, wozu viele Gründe beitrugen: der mangelnde organisatorische Aufbau ebenso wie die inneren Spannungen, die zur „Sektenbildung" führten; die Veränderungen des Wahlrechtes im Laufe der nächsten Jahrzehnte, die den Monopolanspruch von Besitz und Bildung beeinträchtigten und breitere Schichten in den politischen Prozeß einbezogen; und vor allem auch die Perspektivenlosigkeit einer Partei, die für die brennendsten Fragen der Zeit, für das Elend der Massen und die Streitigkeiten der Nationalitäten bzw. deren gerechte Forderungen nichts hatte als – bestenfalls – schöne pathetische Phrasen.

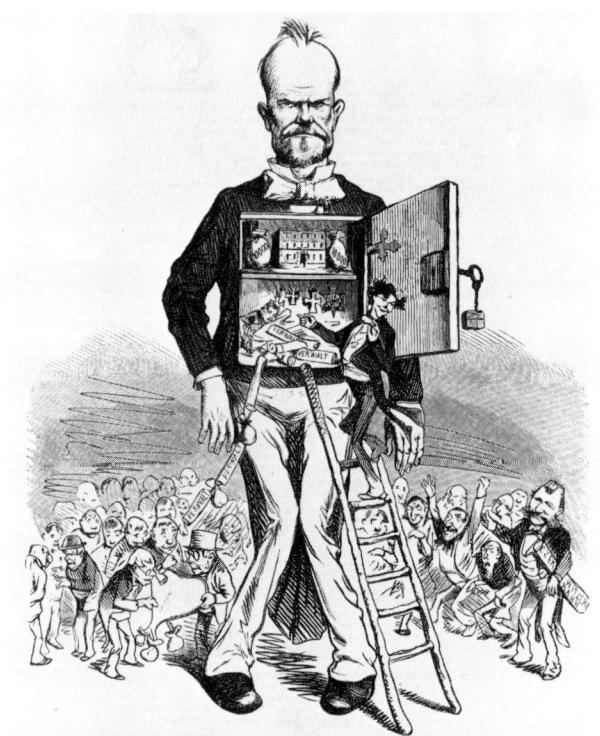

Der Sturz der Liberalen

Haſt es g'hört, Steffel? **Der** verſpricht nix — kann er uns alſo a net anſchmiern. Den **Stremayr** wähl'n m'r!

61, 62, 63. Die Liberalen stürzten zwar erst 1879 über die Bosnien-Krise, doch war ihre Herrschaft schon seit längerer Zeit im Wanken. Nach dem Börsenkrach war eine Reihe von Korruptionsaffären im Bereich der Liberalen aufgeflogen, in die auch führende Politiker verwickelt waren. Der prägnanteste Fall war wohl Minister Karl Giskra (Abb. 61, S. 64 oben), dessen Tätigkeiten sicher auch zur Bezeichnung der Liberalen als „Aufsichtsratspartei" führten. Andere Politiker wieder wurden wegen der für die Liberalen ebenfalls charakteristischen Perspektivenlosigkeit angegriffen: Unterrichtsminister Karl von Stremayr wird als Mann ohne Programm verspottet. Sie boten für die Probleme der Zeit keine Lösungen an, sondern verteidigten nur die „Verfassung", die auch die Vorherrschaft der Deutschen garantierte, deren größte Sorge das Übergewicht der Slawen war. Angesichts des Sturzes der Liberalen und der Regierungsbildung durch Taaffe, der sich auf die Tschechen stützte, fühlt sich der Kikeriki gezwungen, tschechisch (charakterisiert durch Konsonantenanhäufungen) zu lernen.

Das „Weiterwursteln" der Regierung Taaffe

Der Sturz der Liberalen mobilisierte ihre Gegenspieler, den sogenannten „Eisernen Ring", der die deutschliberale Verfassungspartei umgab. Diese politische Gruppierung bestand aus Deutsch-Klerikalen und Konservativen, sowie Vertretern der slawischen Nationalitäten (sofern sie dem Reichsrat nicht fern blieben), allen voran den Polen.

Der Kaiser beauftragte einen alten Jugendfreund und Spielkameraden, der natürlich sein besonderes Vertrauen genoß, mit der Regierungsbildung. Graf Eduard Taaffe, dessen Familie aus Irland stammte, hatte sich in der kaiserlichen Armee schon seit langer Zeit bewährt. Er bildete also aus den antiliberalen Kräften des Reichsrates eine Regierung, die eigentlich kein Programm, keine „Langzeitperspektive" hatte. Die Politik wurde nach pragmatischen Gesichtspunkten geführt, Probleme von Tag zu Tag entschieden, oder, wie man das mit einem wienerischen Ausdruck bezeichnet, es wurde „weitergewurstelt".

Taaffe hielt sich trotz dieser fehlenden politischen Konzeption so lange wie keine andere Regierung der Monarchie, von 1879 bis 1893.

Die Politik der Regierung Taaffe war slawenfreundlich, ohne allerdings auch nur für eine der slawischen Nationalitäten der Habsburgermonarchie etwas wie eine Versöhnung, einen Ausgleich nach ungarischem Muster zustandezubringen. Dennoch führte dies zu einer Radikalisierung der Deutschen und ihrer Vereine in der Monarchie. Die deutschnationalen Vereine und studentischen Verbindungen wuchsen, und es ist kein Zufall, daß – um nur ein Beispiel herauszugreifen – der „Deutsche Schulverein", ein Verband mit der Aufgabe, das „bedrohte Deutschtum" der Monarchie, insbesonders in den Sudentenländern und in der südlichen Steiermark bzw. in Kärnten und Tirol zu „schützen", gerade in dieser Zeit entstand. Die Deutschen hatten, nachdem sie weitgehend aus der Regierung ausgeschieden waren, Angst um ihre Position im Gesamtstaat, Angst, im „Kampf der Wiegen" gegen die kinderreicheren Slawen zu unterliegen und ihre künstlich aufrechterhaltene Vorherrschaft nicht mehr länger halten zu können und in einem slawisch regierten und dominierten Staat leben und am Ende noch – welch ein Schreck – eine slawische Sprache lernen zu müssen. Weit deutlicher, als alle Worte es zu erklären vermögen, machen die Zeichnungen der Karikaturen klar, was man von den Tschechen hielt, die grenzdebilen Gesichter, die als Standardformel die Tschechen charakterisierten, sprechen wohl für sich.

Die Ausweitung des Wahlrechtes durch Senkung des Zensus, der notwendigen Steuerleistung, die Taaffe plante und über die er stürzte, wäre einerseits in Richtung auf mehr slawischen Einfluß hinausgelaufen, andererseits hätte die Bourgeoisie an die niederen Schichten Einfluß verloren. Wir müssen auch bedenken, daß es die Ära Taaffe war, in der sich die Massenparteien, die Sozialdemokraten, die Christlichsozialen und die Deutschnationalen, formierten. 1893 gab Taaffe die Regierung ab – aber die Politik des „Weiterwurstelns" als Charakteristikum der Habsburgermonarchie blieb erhalten.

64. Taaffe läßt einerseits die Klerikalen ihre Kraftprobe ablegen, sie schlagen auf die „Verfassung", um die „Reaktion", die durch den Jesuitenhut charakterisiert wird, wiederherzustellen. Auf der anderen Seite sind Polen und Tschechen zu sehen, die ihre Kräfte für die Erhöhung des Militärbudgets einsetzen. Aus diesen beiden Gruppen bestand die Regierung Taaffe, sie wurden der „Eiserne Ring", der die Liberalen umgab, genannt.

BILDTEXT:
Der Impresario: Also versuchen Sie ihre Kraft, meine Herren! Wer's auf die höchste Ziffer bringt, kann eintreten in's Kabinet.

Das „Weiterwursteln" der Regierung Taaffe

65. Nach vierzehn Jahren des „Weiterwursteins" war die Wahlrechtsvorlage wie ein Stich ins Wespennest. Hohenwart, der Führer der Konservativen, die Polen unter Jaworsky, die Liberalen unter Ignaz Plener und auch die Klerikalen bedrängten Taaffe — schließlich mußte er zurücktreten.

Die Sozialgesetzgebung unter Taaffe

Wenn es überhaupt einen Bereich gibt, in dem die Regierung des Eisernen Ringes eine systematische Politik versuchte, dann sicherlich auf dem Gebiet der Sozialgesetzgebung. Die Liberalen hatten für die soziale Frage weder Interesse noch Gefühl. Der liberale Minister Giskra formulierte es mit der den Liberalen eigenen Arroganz: „Die soziale Frage endet in Bodenbach" (der Grenzstation gegenüber dem Deutschen Reich). Wie borniert und gefährlich ein solcher Standpunkt angesichts der zunehmenden Industrialisierung und der wachsenden Zahl der Proletarier war, muß wohl nicht näher ausgeführt werden.

Die soziale Lage der Arbeiter war denkbar schlecht. In der Frühzeit der Industrialisierung schufteten die Menschen unter unvorstellbaren Arbeitsbedingungen, lange Arbeitstage bis zu 14 Stunden täglich, schwerste körperliche Arbeit und ungesunde Bedingungen, dazu die schlechten Ernährungs- und Wohnungszustände, die durch eine geringe Bezahlung bedingt waren. Frauen- und Kinderarbeit führten zu einer körperlichen und häufig genug auch geistig-moralischen Verwahrlosung dieser Menschen. Trunksucht und Prostitution waren häufig, Krankheiten wie die Lungentuberkulose war eine der Geißeln dieser Menschen, von denen zuviele in feuchten, kalten Räumen unter völlig ungenügenden hygienischen Bedingungen lebten.

Überraschenderweise hatten die Konservativen für die sozialen Probleme der Arbeiter mehr Verständnis, und die Regierung Taaffe führte, dem vorgegebenen Muster des Deutschen Reiches folgend, in den späten 80er Jahren eine Reihe von Maßnahmen durch, die zumindest theoretisch und auf dem Papier der Gesetzesblätter die Lage der Arbeiter verbessern sollten. Frauenarbeit wurde beschränkt, Kinderarbeit überhaupt verboten, und generell wurde eine Regelung der Arbeitszeit durchgeführt. Die tägliche Arbeitszeit wurde auf 12 Stunden beschränkt, wobei nur der Sonntag als freier Tag galt. Selbstverständlich – wie das ja Gesetze so an sich haben – klafften Theorie und Praxis auseinander, viele dieser Regelungen wurden nicht durchgeführt, und die Arbeiter hatten wenig Chancen, sich dagegen aufzulehnen, ein „Reserveheer des Proletariats" stand zur Verfügung, das sofort in freigewordene Arbeitsplätze eingegliedert werden konnte. Die gewerkschaftlichen Organisationen waren noch nicht gut genug entwickelt, um wirklich systematischen Widerstand leisten zu können, Streiks blieben vereinzelt, isoliert und kaum wirklich erfolgbringend.

Eine wesentliche Maßnahme der Sozialgesetzgebung war natürlich auch die Schaffung eines Gewerbeinspektorates, das die Aufgabe haben sollte, menschenunwürdige und ungesunde Zustände am Arbeitsplatz aufzudecken und zu beseitigen. Auch bei diesen im Prinzip sehr begrüßenswerten Maßnahmen muß man natürlich die Divergenz zwischen Theorie und Praxis in Betracht ziehen.

66. Die sozialen Konflikte verstärkten sich mit der zunehmenden Industrialisierung. Selbst in den liberalen satirischen Journalen finden sich gelegentlich kritische Anmerkungen.

67. Rechts: Die Liberalen hatten soziale Fragen immer vernachlässigt. Umso erstaunlicher ist diese Karikatur, die einerseits die Furcht des Bürgertums vor der erstarkenden Arbeiterbewegung und andererseits ein Ernstnehmen der Arbeiter spiegelt. Der Typus des muskelbepackten Arbeiters blieb noch lange Klischee für die Darstellung des Proletariats.

Die Sozialgesetzgebung unter Taaffe

68. Oben: Die erstarkende Arbeiterbewegung machte den Herrschenden Sorgen. Taaffe, der seine Sozialgesetzgebung am deutschen Vorbild orientierte, hält seine „Sozialisten-Gesetze" bereit. Dr. Ferdinand Kronawetter als Vertreter des linken Flügels der Liberalen mahnt zu grundsätzlicheren Änderungen.

69. Links: Auch die unter Taaffe durchgeführten Arbeiterschutzmaßnahmen konnten den Zustrom des Proletariats zur sozialistischen Bewegung nicht verhindern.

BILDTEXT:
— Nanu! Kaum hab' ich die Jacke für den Kerl fertig gebracht, ist er schon wieder heraus gewachsen!

Die Sozialdemokratische Partei

Die Liberalen in der Habsburgermonarchie hatten nie eine Partei im modernen Sinne gebildet, ihre Mitglieder, die „Honoratioren" des lokalen Bereiches hatten sich erst im Reichsrat zu einer Art Partei, eher einer Fraktion zusammengeschlossen, die über keine feste Organisation und nicht einmal über ein festes Programm verfügte. Nach dem Zerfall des Liberalismus bildeten sich Parteien eines ganz anderen Typus, welche man als Massenparteien ansprechen kann und deren Organisationen mit Variationen bis heute das politische Leben Österreichs bestimmen.

Die Sozialdemokratische Partei ist aus einer Reihe von Organisationen und Strömungen innerhalb der Arbeiterbewegung hervorgegangen, die gegen Ende der 80er Jahre vereint werden konnten. Arbeiterbildungsvereine, zum Teil mit Unterstützung der Liberalen, bildeten sich schon früh und auch verschiedene theoretische Konzepte für die Lösung sozialer Fragen wurden entwickelt. Einerseits vertraten die „Staatshilfler", die dem Gedankengut des deutschen Sozialisten Ferdinand Lassalle folgten, den Standpunkt, daß der Staat sich um die Probleme der Arbeiterklasse anzunehmen habe und daß die schrittweise Erweiterung des Wahlrechtes und folglich die Beteiligung von Arbeitervertretern an der Gesetzgebung zielführend wären. Andererseits kamen die „Selbsthilfler", sich an den Gedanken der Liberalen und des Theoretikers Hermann Schulze-Delitzsch orientierend zu der Ansicht, daß die Proletarier durch eigene Organisationen Bildung erwerben sollten, die sie den Bürgern ebenbürtig machen würde, und daß gewisse wirtschaftliche Probleme auf genossenschaftlicher Basis, etwa durch die Schaffung von Konsumvereinen, zu lösen wären.

Noch zwei andere Strömungen der Arbeiterbewegung gab es in den 70er und den 80er Jahren: die radikale, die an eine proletarische Revolution (wie Marx und Engels sie prophezeiten) glaubte und die gemäßigte, die eine Erreichung der „klassenlosen Gesellschaft" auf dem evolutionären Wege, das heißt durch die Gewinnung der Macht im Staate als Möglichkeit betrachtete. Weiters gab es gleichsam als Nebenlinie die Anarchisten, die ein System der herrschaftslosen Gestaltung des Staates als Idealbild sahen und in der Praxis durch die sogenannte „Propaganda der Tat", also die Ermordung von Symbolfiguren des herrschenden Systems, hervortraten. Bald allerdings verlor diese Gruppe, die vehement verfolgt wurde, an Bedeutung.

Einer einzigen Persönlichkeit, dem aus einer gutbürgerlichen jüdischen Familie stammenden Arzt Viktor Adler, der die Probleme der Arbeiter aus seinen Erfahrungen als Mediziner hautnah kannte, ist die Vereinigung all dieser verschiedenen Strömungen und Gruppierungen der österreichischen Arbeiterbewegung zu verdanken. Viktor Adler gelang es am Hainfelder Parteitag 1888/89, die verschiedenen Richtungen unter einen Hut zu bringen und auf ein Programm, das gemäßigt marxistisch war, zu einigen. Man hielt – was auch noch für den Austromarxismus der Zwischenkriegszeit charakteristisch bleiben sollte – an mancher radikalen Phrase fest, um den linken Flügel zu halten, vertrat aber grundsätzlich ein revisionistisches, evolutionäres und nicht revolutionäres Programm.

70. Die an das Bürgertum gerichteten liberalen satirischen Zeitschriften wirken beruhigend auf ihre Zielgruppe, dennoch spürt man unterschwellige Angst.

Die Sozialdemokratische Partei

71. Der große Führer der Sozialdemokratie, der den Einigungsparteitag zu Hainfeld zustande brachte, wurde von seiten der bürgerlichen Parteien nicht nur als unbedeutend verspottet, er war auch Zielscheibe eines gehässigen Antisemitismus.

72. Unten: Das redliche — wenn auch letztlich gescheiterte — Bemühen der Sozialdemokraten um eine alle Nationen vertretende Gesamtarbeiterbewegung ist Thema der Zeichnung. Die Tschechen, im Hintergrund deutlich erkennbar, hatten eine eigene sozialistische Parteiorganisation aufgebaut. Adler versucht die Sympathien der Italiener (Katzelmacher ist eine wenig freundliche Bezeichnung für sie) zu gewinnen.

Die höchste Ironie.

— Na, das ist zum Lachen, daß so ein blutrother Schusternvogel, der doch nur zur Spielerei der Juden dient, sich „Adler" nennen läßt.

Hoch die Internationale!

Dr. Adler: Die Böhm' mögen uns nicht mehr, probieren wir 's mit die Katzelmacher.

Frauen und Frauenbewegung

Man sprach viel von den unterdrückten Minderheiten der Monarchie, von der unterdrückten Mehrheit der weiblichen Bevölkerung war selten die Rede.

Die Lage der Frauen in der Habsburgermonarchie (und auch in anderen Ländern) fand in der letzten Zeit große Beachtung – teils echter Nachholbedarf, teils Modeströmung.

Die Rechtlosigkeit der Frau – sie war nicht selbst rechtsfähig und von allen politischen Aktivitäten ausgeschlossen – stand im Gegensatz zu ihrer ständig zunehmenden Rolle im Arbeitsprozeß. Immer schon hatten Frauen in der Landwirtschaft gearbeitet, aber die Arbeiterin, die außerhalb des Hauses einem Gelderwerb nachging, ist ein Phänomen, das erst mit der Industrialisierung auftauchte.

Das Frauenbild in den Karikaturen ist voll von Vorurteilen und Klischees und darüberhinaus auch ein klassenspezifisches Bild. Die Frauen in den Karikaturen sind verwöhnte Geschöpfe der bürgerlichen Gesellschaften, deren Horizont mit Kleidern und Liebhabern zu umschreiben ist. Die Arbeiterfrau, die neben ihrer Berufstätigkeit auch noch den Haushalt zu versorgen und daher wenig Zeit hatte, an Kleider und Liebesaffären zu denken, erscheint in den an ein spezifisch bürgerliches Publikum gerichteten Zeitschriften kaum.

Da diese Zeitschriften ausschließlich von Männern gemacht wurden, standen sie den Emanzipationsbestrebungen der Frau mit bitterer Schärfe gegenüber. Bei der Emanzipationsbewegung muß man sozial differenzieren. Einerseits gab es eine bürgerliche Emanzipationsbewegung, die etwa um 1870 einsetzte und deren Ziel es war, die höhere Bildung für Frauen möglich zu machen. Gallionsfigur dieses Teils der Frauenbewegung wurde Marianne Hainisch. Erst gegen Ende der achtziger Jahre allerdings konnten sich die diesbezüglichen Forderungen durchsetzen und Frauen wurden zum Philosophie- (1897) und zum Medizinstudium (1900) zugelassen. Eine volle Hochschulberechtigung wie auch viele andere Rechte wurden ihnen erst in der Republik zugestanden.

Ganz anders waren die Ziele der sozialdemokratischen Frauenbewegung. Ihre Zielgruppe waren nicht Bürgertöchter, die eine höhere Bildung wollten, sondern Arbeiterinnen und Hausgehilfinnen – die zum Teil auch durch die katholische Frauenbewegung vertreten wurden – mit ihren existenziellen Nöten und Sorgen. Die führende Gestalt auf Seiten der sozialdemokratischen Frauenbewegung war Adelheid Popp-Dvořak.

Das Verbot, politische Versammlungen zu besuchen und die Tatsache, daß Frauen nicht wahlberechtigt waren (sieht man von dem Kuriosum ab, daß Großgrundbesitzerinnen das Wahlrecht hatten; ein Privileg, das ihnen allerdings mit dem allgemeinen, gleichen Männerwahlrecht wieder entzogen wurde), erschwerte die Erreichung ihrer Ziele stark. Ebenso wie in anderen Ländern – am bekanntesten die namensgebende Suffragettenbewegung in England – bildete sich eine Frauenstimmrechts-Bewegung, die von seiten des Staates auffällig behindert wurde.

Die Gründung eines Vereins mit dem Ziel, das Frauenstimmrecht durchzusetzen, wurde verboten, sodaß sich nur in einzelnen Städten entsprechende Komitees bilden konnten. Erst mit dem Ende der alten Staatsform wurden diese Fragen im Sinne der Frauen gelöst.

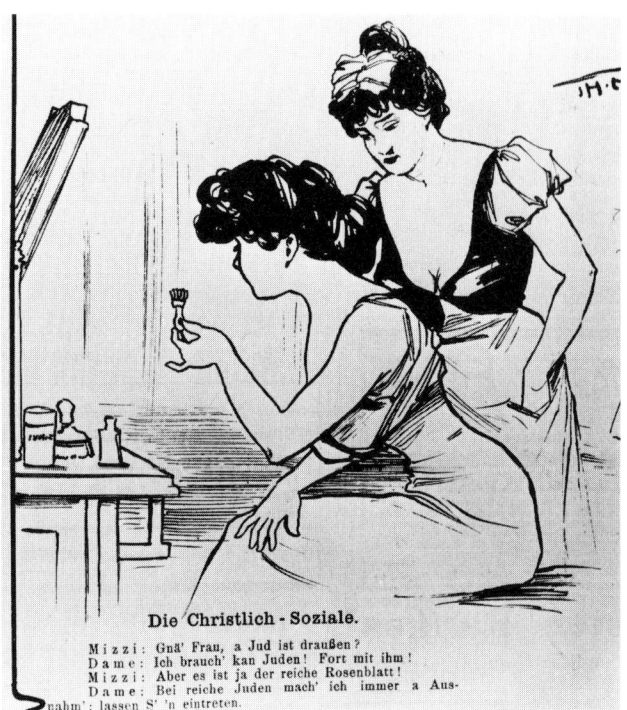

Die Christlich - Soziale.

Mizzi: Gnä' Frau, a Jud ist draußen?
Dame: Ich brauch' kan Juden! Fort mit ihm!
Mizzi: Aber es ist ja der reiche Rosenblatt!
Dame: Bei reiche Juden mach' ich immer a Ausnahm'; lassen S' 'n eintreten.

ZUR FRAUENBEWEGUNG

Die Volksvertreterin.

Frauen und Frauenbewegung

73. Links: Frauen billigte man keine eigene politische Meinung zu — so spiegelt diese Karikatur Luegers Auffassung von Antisemitismus („ Wer a Jud is bestimm' i") in einer weiblichen Variante wieder. Auch die Geldgier war ein häufig wiederholtes Klischee in frauenbezogenen Karikaturen.

74. Links unten: Für die Emanzipationsbestrebungen und die Beteiligung von Frauen in der Politik hatten die satirischen Zeitschriften wenig Verständnis.

BILDTEXT:
Dame: Ich muß jetzt in's Parlament. Bade einstweilen das Kind und ziehe ihm seine Wäsche an.

Verschiedene Einkaufsschmerzen.

Die noble Dame: Wüßte nicht, was ich kaufen soll, meine Kinder haben ja schon Alles.
Das Weib aus dem Volke: I waß net, was i z'erst kaufen thät, wann i a Geld hätt'. Meine Kinder haben ja gar nix.

75. Oben: Neben der geschlechtsspezifischen Differenzierung kommen manchmal auch soziale Unterschiede zur Sprache, wie in dieser sozialkritischen Karikatur.

76. Links: Emanzipation konnten sich die ausschließlich männlichen Karikaturisten der Zeit nur als eine „Vermännlichung" der Frau vorstellen.

Das Kleinbürgertum

Zu den traditionellen Elementen der Gesellschaft, wie sie vor der industriellen Revolution bestanden hatte, gehörte jene Schicht kleiner Handwerker und Gewerbetreibender, die man als Kleinbürgertum bezeichnen kann. Sie produzierten für den lokalen Bedarf der Städte und Märkte meist auf Bestellung, fertigten Waren nach Maß an und waren durch strenge Bestimmungen der Zünfte gegen alle Arten von Konkurrenz geschützt. Diese Situation veränderte sich einerseits mit der Industrialisierung, die eine Massenproduktion an Waren hervorbrachte, welche durch Menge und arbeitsteiligen Prozeß der Erzeugung billiger waren als die der Kleingewerbetreibenden und andererseits durch die liberale Gewerbeordnung, die alle Reste zünftischer Beschränkung beseitigte, aber damit gleichzeitig allen Schutz vor Konkurrenz aufhob. Das Kleinbürgertum befand sich daher im 19. Jahrhundert in einer Art Rückzugskampf, ein Gegner dabei war das Großbürgertum, das mit der fabriksmäßigen Erzeugung vieler Güter das Gewerbe beinahe zugrunde richtete oder zumindest stark schädigte. Der andere Gegner – gleichzeitig auch das Schreckbild einer Entwicklung der eigenen Existenz – war das Proletariat, dessen Anwachsen beunruhigte und dessen eigentumsfeindliche Ideen man fürchtete. Doch auch die Vorstellung, selbst in diese Klasse abzusteigen, alarmierte die Kleinbürger und machte sie anfällig für destruktive politische Gedanken. Sie waren grundsätzlich antikapitalistisch eingestellt, sahen die wirtschaftliche Situation nicht als Klassenkampf, die Besitzer der Fabriken, mit denen sie in einem aussichtslosen Konkurrenzkampf lagen, nicht als Vertreter der Bourgeoisie, sondern personifizierten sie als „Juden" und sprachen daher auf die Ideen des Antisemitismus an. Der amerikanische Historiker Whiteside hat den Antisemitismus trefflich „socialism of fools", einen Sozialismus der Dummen genannt. Gerade für die Haltung der kleinbürgerlichen Schichten trifft diese Definition genau zu.

Lange Zeit war dieses Kleinbürgertum politisch irrelevant, war es doch aufgrund seiner geringen Steuerleistung vom Wahlrecht ausgeschlossen. Erst mit der Wahlrechtsreform des Jahres 1882, der Einführung der „Fünf-Gulden-Männer", gewann es an Bedeutung. Diese Wahlrechtsreform war der Einbruch der „Greißler" (als Symbol der Kleinbürger) in die Politik, wenn auch ihre zahlenmäßige Bedeutung durch das Kurienwahlrecht nicht voll zur Geltung kam.

77. Diese Karikatur basiert auf dem schönen Wortspiel „Großgrundbesitz" und „großen Grund besitzen" (etwas zu ändern). Die vier Typen der Großgrundbesitzer sind klischeehaft, die ihnen gegenübergestellten Kleingewerbetreibenden beispielhaft für viele durch die zunehmende Industrialisierung in schwerste Bedrängnis geratene Branchen.

Das Kleinbürgertum

78. Noch deutlicher macht diese Karikatur, wie sehr die übermächtige Konkurrenz der Fabrikserzeugung zur Verarmung der Handwerker beitrug. Der Schuhmacher, dessen Kleider abgetragen und geflickt sind, besitzt nicht einmal ordentliche Schuhe. Der Antikapitalismus der Christlichsozialen versuchte diese Wählergruppe anzusprechen.

Die Christlichsoziale Partei

Die Wurzeln der christlichsozialen Bewegung in der Habsburgermonarchie sind überaus vielfältiger Art. Als Gegengewicht zu den Liberalen gab es schon seit langer Zeit eine klerikale und konservative Bewegung, etwa den nach seinem Führer benannten „Hohenwart-Club", doch blieb diese konservative Partei bis zum Jahr 1907 als selbständige politische Kraft erhalten und wurde erst dann in die christlichsoziale Bewegung aufgenommen.

Mit dem Kampf der Bischöfe und des Klerus gegen die liberalen konfessionellen Gesetze des Jahres 1868 war es zu einer klerikalen Volksbewegung gekommen, die ebenfalls für die Vorfeldbereitung der Christlichsozialen Partei von großer Bedeutung war.

Die eigentliche Gründung der christlichsozialen Partei allerdings begann mit der Arbeit verschiedener Theoretiker, allen voran Freiherr Karl von Vogelsang, Prinz Aloys Liechtenstein (den man den „Roten Prinzen" nannte), Franz Karl Graf Kuefstein und einigen anderen, vorwiegend der Aristokratie entstammenden Männern. Alle diese Theoretiker sahen – im Gegensatz zu den Liberalen – die sozialen Probleme ihrer Zeit und versuchten diese, auf christliche Ideen gestützt, zu lösen. Diese theoretischen Lösungen, welche noch dazu von der Kirche angefeindet wurden, da man in ihnen zu radikale Ideen erblickte, waren grundsätzlich verschieden von denen der Sozialdemokraten. Christliche Nächstenliebe und romantische Vorstellungen einer Harmonisierung der Klassengegensätze, genossenschaftliche Prinzipien und eine grundsätzliche Bejahung des Privateigentums standen im Mittelpunkt dieser Ideologie.

Die Breitenwirkung dieser Zirkel, am bekanntesten davon die sogenannten „Entenabende", benannt nach dem Gasthaus zur Ente, wo sich verschiedene Christlichsoziale trafen, war gering.

Erst als sich ein Mann der Bewegung anschloß, der vom Liberalen zu deren Hauptgegner im Wiener Gemeinderat geworden war, nämlich der junge, ehrgeizige und „publikumswirksame" Advokat Dr. Karl Lueger, erhöhte sich deren Wirksamkeit im politischen Geschehen.

Geschickt verstand man es, die Kleriker – insbesondere den niederen Klerus, der im dörflichen Bereich verankert war und schon von seiner sozialen Stellung her antiliberal sein mußte – vor den Wagen zu spannen.

Die Christlichsozialen, im Gegensatz zur Sozialdemokratie nicht zentralistisch durchorganisiert, bauten ein Netz von Vereinen, bäuerlichen Genossenschaften und Parteiorganisationen lokalen Charakters auf, die vor allem auf dem Lande erfolgreich waren. Zwar verlor man die Arbeiterschaft, auf die man die ursprünglichen Theorien abgestimmt hatte, völlig an die Sozialdemokratie, doch die unter dem Einfluß des Klerus stehenden Bauern und vor allem das Kleinbürgertum, das man mit einem Antisemitismus Luegerscher Prägung faszinieren konnte, standen im Christlichsozialen Lager.

Der Antisemitismus der Christlichsozialen beruhte auf religiösen Wurzeln, tradierte also den jahrhundertealten Antisemitismus der Kirche (mit seinen Auswüchsen wie etwa der Ritualmordthese). Andererseits verstand es Lueger, diesen antisemitischen Gedanken ins Ökonomische zu wenden und im Sinne eines antikapitalistischen Argumentes einzusetzen.

79. Anläßlich der Reichsratswahlen 1907 entstand diese Karikatur, die den im Sinne der Christlichsozialen wirksamen Einfluß der Priester auf die Landbevölkerung kritisiert.

Kaplan: Diesmal verspreche ich mir sehr viel von den Reichsratswahlen.
Pfarrer: Warum gerade dieses Mal?
Kaplan: So kurz nach der österlichen Beichte!

Die Christlichsoziale Partei

80. Oben: Kleinbürger und Klerikale (rechts) feiern Lueger als ihren „Helden", während ihn die Liberalen (links) bekämpfen. Charakteristisches Detail am Rande: Luegers Uhranhänger als Anspielung auf seinen vehementen Antisemitismus (ein Jude reitet auf einem Schwein).

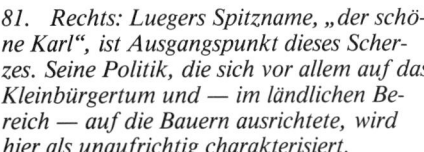

81. Rechts: Luegers Spitzname, „der schöne Karl", ist Ausgangspunkt dieses Scherzes. Seine Politik, die sich vor allem auf das Kleinbürgertum und — im ländlichen Bereich — auf die Bauern ausrichtete, wird hier als unaufrichtig charakterisiert.

Die Studenten

Es ist ein Gemeinplatz, daß Studenten das unruhigste Element einer Gesellschaft sind, am sensibelsten deren veränderte Geisteshaltung anzeigen, einfach durch ihre Jugend ein Element sind, das in die Zukunft weist. Daher sind ihre Verhaltensweisen und Anschauungen – auch wenn sie nur die einer kleinen Gruppe sind – wichtig, nicht zuletzt aus dem Grunde, daß sich die Führungsschichten der nächsten Generation aus ihren Kreisen rekrutieren.

In der Revolution des Jahres 1848 waren es die Studenten gewesen, die vom Anfang bis zum bitteren Ende um die Freiheitsrechte gekämpft hatten, und noch häufig im Zuge der Geschichte der Habsburgermonarchie sollten sie unter den Vorkämpfern verschiedener Ideen zu finden sein – es muß hier nur an die großen Schillerfeiern von 1859 oder an die Badeni-Krise 1897 erinnert werden.

Die Schillerfeiern des Jahres 1859 hatten deutlich die neue Haltung eines Großteils der deutschen Studenten (70% der Studierenden in der Monarchie waren deutschstämmig) gezeigt: sie waren vom liberalen Fahrwasser des Jahres 1848 zu einem sich verstärkenden Nationalismus, der schließlich in der Deutschnationalen Partei enden sollte, umgeschwenkt. In dieser deutschnationalen Bewegung waren die Studenten eine der wichtigsten Gruppen, zahlreiche Vorfeldorganisationen dieser politischen Gruppierung bestanden auf Hochschulboden.

Die wichtigsten von ihnen waren die studentischen Verbindungen, die deutschnationalen Burschenschaften und Corps, deren Mitglieder sich nicht nur durch hohen Bierkonsum, Mensuren und Duelle, Schulden und Desinteresse an den Vorlesungen auszeichneten, sondern die auch politisch aktiv waren – am augenfälligsten wohl durch ihre spektakulären Demonstrationen während der Badeni-Krise.

In diesem studentischen Kreis wird auch der Antisemitismus, der für die Deutschnationalen so charakteristisch werden sollte, erstmals spürbar. Im Verlauf der sogenannten Billroth-Affäre – der bedeutende Mediziner hatte in einem Buch handfeste Äußerungen gegen die jüdischen Studenten gemacht – traten die Studentenverbindungen deutschnationaler Prägung 1875 erstmals öffentlich mit antisemitischen Äußerungen hervor, die sich in der Folge mehr und mehr verstärkten.

Dieser couleurstudentische Antisemitismus erlangte schließlich durch die personelle Verflechtung zwischen Burschenschaften und der Bewegung Schönerers zentrale Bedeutung für die deutschnationale Partei. Schönerers Antisemitismus unterschied sich vom meist kirchlich motivierten früheren durch seinen Rassismus. Die Burschenschaften und Corps, die in ihrer Frühzeit auch jüdische Mitglieder hatten, gingen nun daran, ihre Verbindung „zu säubern", „judenfrei" zu machen.

In den Jahren 1891 bis 1896 bildete sich schließlich das sogenannte „Waidhofener Prinzip" heraus, das besagte, daß man „Juden nicht mit der Waffe Satisfaktion" geben mußte. So wenig Bedeutung dies aus heutiger Sicht haben mag, für die Menschen jener Zeit (die Möglichkeit, im Duell Genugtuung mit der Waffe zu geben und zu verlangen war ein Privileg führender Bevölkerungsgruppen – Offiziere, Akademiker und Studenten) bedeutete dies eine Diskriminierung der Juden schlimmster Art.

— Dein Sohn hat sich aber plötzlich auffallend verändert. Er war doch sonst ein so sanfter und wohlgesitteter Junge!
— Jawohl! Aber seitdem ihn die Polizisten auf der Ringstraße niederritten, ist er der „roheste Antisemit und Schönertaner"!

— Bummel verboten? Na, dann Adieu Universität! Das war ohnehin nur immer der einzige Tag, an dem du mich gesehen!

Die Studenten

82. Links: Die Badenikrise und die Ablehnung der Sprachenverordnung für Böhmen hat die deutschen Studentenverbindungen in vorderster Front gesehen. Bei vielen führte das zur Radikalisierung ihres deutschnationalen Standpunktes.

84. Oben: Der bekannte Mediziner Theodor Billroth hatte in einem Buch zwar die deutschen Studentenverbindungen als Übel beim Weiterkommen im Studium gesehen, seine bei dieser Gelegenheit vorgebrachten handfesten antisemitischen Äußerungen aber brachten ihm die Sympathie eben dieser Studentenverbindungen ein.

83. Links: Der Bummel der Couleurstudenten war Schauplatz der Stärkedemonstration verschiedener Gruppierungen, die auch politische Bedeutung hatten. Oft genug kam es dabei zu ernsten Handgreiflichkeiten.

85. Links: Häufig dominierten Klischees die Beurteilung der Studenten, die dabei in ihrer Bedeutung als politische Kraft verharmlost wurden.

BILDTEXT:
Student Süffl: Wie gefällt Dir denn der neue Zahlkellner beim „Hirschen"?
Pumpsky: Ich hab' ihn noch nicht angepumpt.

Die Deutschnationalen

Von den drei Massenparteien, die den Liberalismus in der Habsburgermonarchie ablösten, waren die deutschnationalen Gruppierungen den alten Liberalen am ähnlichsten. Diese Feststellung betrifft sowohl die Parteiorganisation, die weitgehend auf der Basis von Vereinen und Vorfeldorganisationen beruhte, als auch das Programm. Schon die Deutschliberalen hatten den ersten Bestandteil ihres Namens überbetont, die Deutschnationalen unterschieden sich allerdings dadurch, daß sie anders als die alten Liberalen auf die deutsche Reichsgründung von 1870/71 reagierten: sie wandten sich ideologisch der kleindeutschen Lösung zu, sahen ihr Ideal in einem Anschluß der deutschsprachigen Teile der Monarchie an das Deutsche Reich und eine Umgestaltung der übrigen Gebiete in ein System von Klientelstaaten, die diesem deutschen Nationalstaat vorgelagert sein sollten. Auch in Bezug auf die Gruppen der Bevölkerung, die diese Deutschnationalen ansprechen konnten, waren sie den Liberalen ähnlicher als den beiden anderen Massenparteien, den Sozialdemokraten und den Christlichsozialen. Ihre Zielgruppe war letztlich die der Liberalen: die höhere Bourgeoisie und die Intellektuellen, Beamte, Akademiker und insbesondere die Studenten, deren deutschnationale Burschenschaften und Corps eine Art Kerntruppe der Elitenrekrutierung der Deutschnationalen darstellten. Sie sprachen also keine bislang vom Wahlrecht ausgeschlossenen Bevölkerungsteile an, weder die Arbeiterschaft und Sozialdemokraten noch Bauern, Kleinbürger und Christlichsoziale, sondern gründeten ihren Einfluß auf „Besitz und Bildung".

Eine wesentliche Veränderung gegenüber den Liberalen ergab der Antisemitismus, den der Führer der Deutschnationalen, Georg Ritter von Schönerer, aus der studentischen Bewegung in die Partei einbrachte. Während sich die Juden mit den Deutschliberalen identifizieren konnten und sich als ein Bestandteil des „Deutschtums", insbesondere im gemischtsprachigen Grenzgebiet fühlen konnten, waren sie nun von der deutschnationalen Partei ausgeschlossen und hatten in dem neuentstandenen Spektrum der Massenparteien nur mehr eine Gruppierung, die nicht antisemitisch war: die Sozialdemokratie. Sofern sie nicht der alten liberalen Partei, die nur mehr eine unbedeutende politische Kraft im Staate war, die Treue hielten, wandten sie sich dieser Partei zu, stiegen zum Teil in die Führungsschicht auf und verstärkten dadurch die antisemitische Hetze der anderen Parteien gegen die Sozialdemokratie, die man als „Judenpartei" verunglimpfte.

Die große Persönlichkeit der Deutschnationalen, „Ritter Georg", hatte viele Eigenschaften der alten liberalen Führungsgarnitur. Stets streitlustig, mit allen – auch seinen engsten Parteifreunden – in Konflikt liegend und eigenbrötlerisch brachte er letztlich seiner eigenen Partei oft mehr Schaden als Nutzen. Sein bedeutendster Konkurrent, Karl Hermann Wolff mit seinen Alldeutschen, erreichte nie die Popularität Schönerers.

Auch der Antiklerikalismus, ausgedrückt in der „Los von Rom"-Bewegung und gepaart mit dem Antisemitismus in der Formel „Ohne Juda, ohne Rom, bauen wir Germaniens Dom", war letztlich ein Erbe der Liberalen.

86. Schönerer war wegen verschiedener radikaler Tätlichkeiten immer wieder in Schwierigkeiten. Infolge einer Aktion gegen das „Neue Wiener Tagblatt" wurde er 1888 verurteilt, mußte ins Gefängnis und verlor auch sein Adelsprädikat. Die Karikatur verspottet Schönerers harten Antisemitismus.

Politisches „Leichenbegängniß".

— Kriste pane! Habme glabt, Michl ise tud, derweil drehte sich noch im Sarg um!

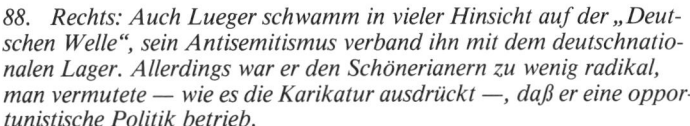

87. Die subjektiv empfundene Bedrohung des Deutschtums war eine der Grundlagen für den Erfolg der Deutschnationalen. Die von Badeni vorgeschlagene Sprachenverordnung wird zu Grabe gebracht. Badeni (ganz links), Tschechen und Polen betrauern sie.

Badeni und Lueger als kämpfende Löwen in der Arena.

Die Zuseher: Uns scheint, die thun nur so, als ob sie sich was thäten.

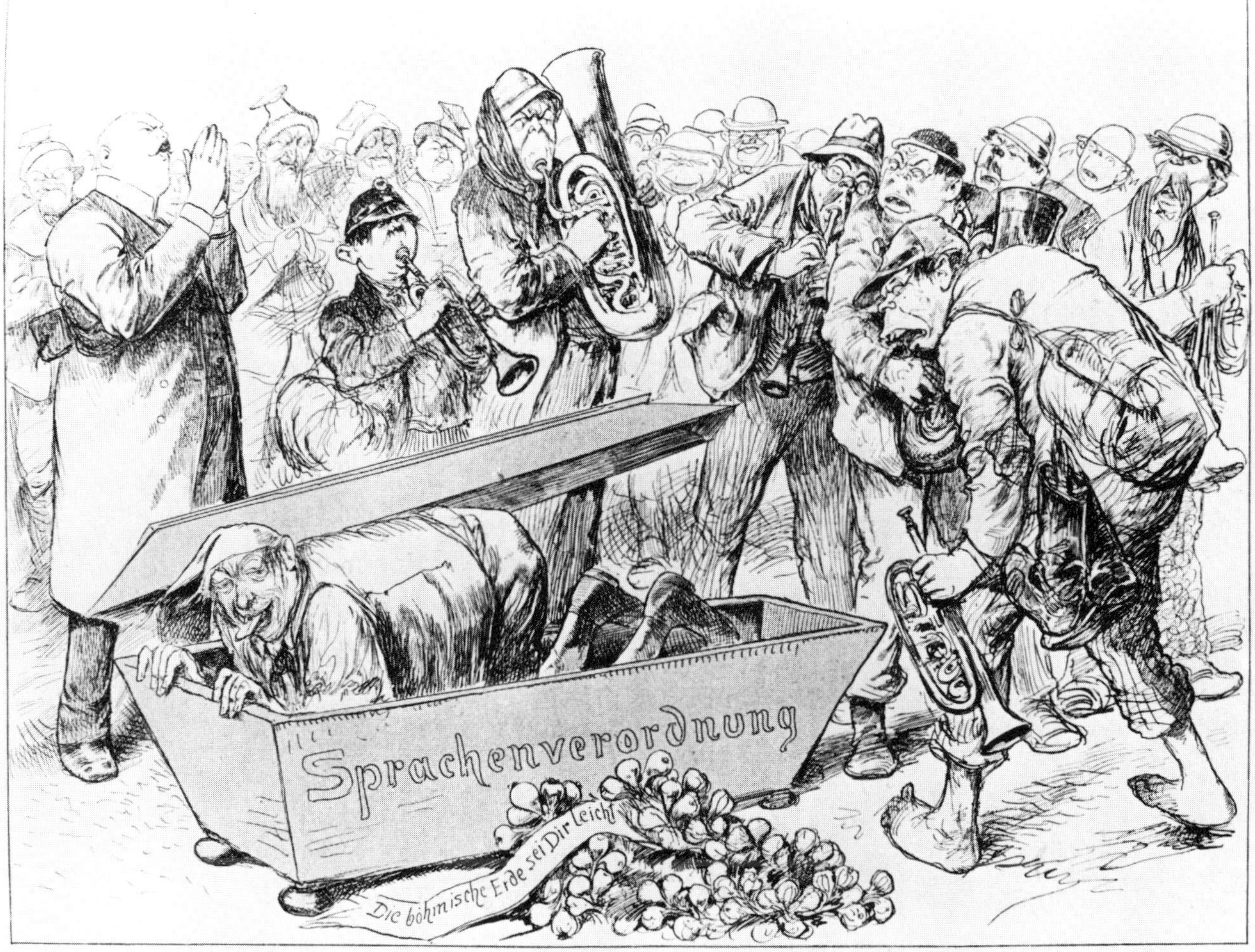

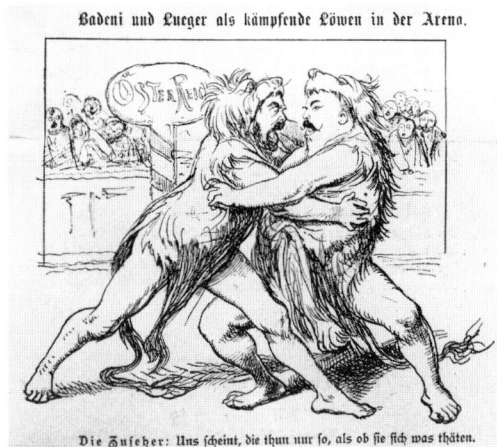

88. Rechts: Auch Lueger schwamm in vieler Hinsicht auf der „Deutschen Welle", sein Antisemitismus verband ihn mit dem deutschnationalen Lager. Allerdings war er den Schönerianern zu wenig radikal, man vermutete — wie es die Karikatur ausdrückt —, daß er eine opportunistische Politik betrieb.

Die Juden und der Antisemitismus

Seit dem Mittelalter hatte die jüdische Bevölkerung der Habsburgermonarchie Furchtbares zu erleiden gehabt. Diskriminierung, religiöse und wirtschaftliche Verfolgung wurde nur durch die Tatsache etwas gemildert, daß man die Juden brauchte, da sie sich – bedingt durch die Unmöglichkeit des Grunderwerbs und gestärkt durch das kanonische Zinsverbot für die Christen – auf Geldgeschäfte spezialisiert hatten, die der Staat immer wieder in Anspruch nehmen mußte. Seit Joseph II. toleriert, hatten sie ab der Mitte des 19. Jahrhunderts den Schritt zur Emanzipation geschafft. Mit ihrem großen Einfluß auf die Wirtschaft und die öffentliche Meinung im Liberalismus waren sie aber auch vehementer Kritik ausgesetzt, die bald in einen gegenüber bisher verbreiteten Formen andersartigen Antisemitismus umschlagen sollte.

Der Antisemitismus der Christlichsozialen war noch gespeist vom unterirdischen Strom des katholischen Antisemitismus, der die Juden als Mörder Christi, als Andersgläubige ablehnt und ihnen schreckliche Dinge wie Ritualmorde zuschrieb. Der neue Antisemitismus hat seine Wurzeln in zwei anderen Phänomenen. Der christlichsoziale Antisemitismus war vorwiegend ökonomischer Natur, das heißt die Juden wurden als Kapitalisten, als Besitzer der Banken und der Fabriken bekämpft, man schrieb verschiedene Mißstände, die Ausbeutung, die Expropriierung des Gewerbestandes durch eine übermächtige Konkurrenz, der Tatsache zu, daß hier Juden am Werke waren.

Eine ganz andere Dimension – weitaus schrecklicher auch in seinen Folgen – nahm der Antisemitismus der Deutschnationalen an. Damals moderne biologische und rassentheoretische Elemente wurden in diese Ideologie aufgenommen, die Juden wurden nicht mehr als Religionsgemeinschaft und auch nicht als Wirtschaftsgruppe abgelehnt, sondern als ein Volk, als eine Rasse, der man alle denkbar schlechten Eigenschaften zuschrieb. Charakteristisch für diesen neuen Typus des Antisemitismus ist der oft zitierte Spruch Schönerers „Ob Jud', ob Christ ist einerlei, in der Rasse liegt die Schweinerei". Dieser Rassenantisemitismus, von dem zum Teil auch die Christlichsozialen und einzelne Klerikale erfaßt wurden, sprach in Worten aus, was der Nationalsozialismus später in die Tat umsetzen sollte: Juden seien wie Ungeziefer, hieß es da, das man vertilgen müsse, jede Beziehung zwischen Juden und Nichtjuden sexueller Art müsse strafbar sein, man müsse diese „Saujuden" – ein Lieblingswort der Deutschnationalen – entweder aus dem Lande werfen oder noch besser liquidieren. Nicht umsonst war Hitler von den Ideen Schönerers überaus fasziniert.

89. Eine der stehenden Formeln des Antisemitismus in der Habsburgermonarchie war der Vorwurf gegen die Juden, daß sie die öffentliche Meinung unter Kontrolle hätten, da der Anteil jüdischer Journalisten in der Wiener Zeitungswelt hoch war.

91. Rechts: Die Karikatur richtet sich gegen die Assimilationsjuden, die sich von ihren Glaubensbrüdern unter dem Eindruck des sich verstärkenden Antisemitismus distanzierten.

Die Juden und der Antisemitismus

Herr Doktorleben, können Se niz brauchen zur Bekräftigung ihrer Reden ganz billig e abschreckendes Beispiel?

90. Der pragmatische Antisemitismus Luegers, der an katholische Traditionen anschloß, war vorwiegend ökonomisch ausgerichtet. Mindestens ebenso wichtig war auch die Tatsache, daß in dieser Zeit der Antisemitismus überaus „publikumswirksam" war und von Lueger zielsicher eingesetzt wurde.

92. Unten: Sowohl die Sozialdemokraten wie auch die Liberalen hatten in den Reichsratswahlen 1911 kaum Gewinne erzielt. Dennoch bekämpften die Christlichsozialen, die verloren hatten, und die Deutschnationalen diese Parteien, welche im Staatssymbol des Doppeladlers zu einer Koalition von Gewalt und Kapital zusammengeführt sind.

— Was soll der Taufschein in der Auslag'?
— Ich hab' ihn herausgehängt zur Vorsicht, damit se mer niz de Fenster einschlagen, de antisemitischen Schulbuben.

Nach den Wahlen.

Schön schau'n ma aus!

Die Cillier Schulaffäre und der Sturz der Regierung Windischgrätz

Wie wenig das Nationalitätenproblem der Donaumonarchie bloß eine allgemeine, unverbindliche, theoretische und ideologische Auseinandersetzung, eine Art Schlagwort, ein Gemeinplatz war, sondern vielmehr welche starken und ganz konkreten Auswirkungen es auf den politischen Alltag hatte, zeigt kaum etwas deutlicher als die sogenannte Cillier Schulaffäre des Jahres 1895.

In der Stadt Cilli (Celje), damals in der Südsteiermark, heute in der Sozialistischen Republik Slowenien gelegen, gab es eine national gemischte Bevölkerung, deren Verhältnis sozial mitbestimmt war. Die Bürger der Stadt waren überwiegend deutschsprachig, während der Rest der Stadtbevölkerung und die ländliche Bevölkerung der umliegenden Gebiete ausschließlich Slowenisch sprachen.

Das auf die spezifische nationale und soziale Situation zugeschnittene höhere Schulwesen war bis in die 90er Jahre – ohne daß dies in Frage gestellt wurde – deutschsprachig gewesen. Der Aufstieg der nicht deutschsprachigen Nationalitäten in der Habsburgermonarchie zeigte sich nicht zuletzt durch ihre verstärkte Teilnahme an der Bildung.

Bei den vorwiegend bäuerlich strukturierten Slowenen entwickelte sich ähnlich wie bei anderen kleineren Nationalitäten der Monarchie ein bescheidenes, doch ständig wachsendes Bürgertum, das seinen Kindern auf dem Weg zum weiteren Aufstieg eine höhere Bildung mitgeben wollte. Sollte diese Bildung nicht zu einer Denationalisierung bzw. konkret gesagt zu einer Germanisierung führen, so mußte sie in slowenischer Sprache möglich sein.

Der Wunsch nach Einrichtung einer slowenischen Parallelklasse im Gymnasium zu Cilli führte zu einem politischen Sturm im Wasserglase und schließlich zum Sturz des Fürsten Alfred Windischgrätz. Diese Regierung hatte sich auf eine recht wenig einheitliche Machtbasis im Reichsrat gestützt, auf die Vereinigten Linken, eine liberale Gruppierung, auf den sogenannten Hohenwart-Club und auf die Polen. Während die Polen eine Wahlreform, die seit dem Sturze seines Vorgängers Graf Taaffe aktuell war, zu verhindern wußten, waren insbesondere die liberalen Koalitionspartner in nationalen Fragen sensibilisiert. Als daher – nachdem es schon davor eine ähnliche Lösung für Marburg (Maribor) gegeben hatte – im Voranschlag für 1895 die unselige Parallelklasse in Cilli auftauchte, führte dies zum Bruch der Koalition, die Vereinigte Linke stieg aus und Windischgrätz stürzte.

Wenige politische Ereignisse der zweiten Hälfte des 19. Jahrhunderts in der Habsburgermonarchie sind symptomatischer für jenen krankhaften Zustand des Staates, den verbissenen Kampf der Nationalitäten um jede noch so geringfügig erscheinende Einzelposition wie diese Affäre, deren geringfügig scheinende Ursache zu so weitreichenden Folgen wie dem Sturz einer Regierung geführt hat.

93. Mit der den Deutschen eigenen Überheblichkeit wird das slowenische Bildungswesen verspottet. Anlaß dieser Karikatur ist das Scheitern der Regierung Windischgrätz, der es nicht gelang, im Gymnasium von Cilli eine slowenischsprachige Parallelklasse zu installieren.

Die Cillier Schulaffäre und der Sturz der Regierung Windischgrätz

94. Die Symbolfigur der Zeitschrift „Figaro" warnt den Grafen Kielmannsegg, der nach dem Sturz Windischgrätz' über die Cillier Schulfrage die Regierung übernahm, vor einem ähnlichen Schicksal.

Die Tschechen

Im Königreich Böhmen lebte eine Majorität von Tschechen mit einer zahlenmäßig unterlegenen, aber sozial stärkeren Minderheit von Deutschen zusammen. Während in Ungarn die Serie der Revolten seit dem 16. Jahrhundert nicht abriß, und man sich von Seiten der Habsburger den Ungarn gegenüber vorsichtig verhielt – was schließlich zum Ausgleich 1867 führte –, waren die Tschechen schon 1620, nach der für sie so traumatischen Schlacht auf dem Weißen Berg, dem Bilá Horá, geknechtet worden.

Seit 1867 verlangten sie aber vehement eine ähnliche Stellung wie die Ungarn, das heißt die Anerkennung ihrer alten Privilegien, des böhmischen Staatsrechtes. Alle Versuche dieser Art scheiterten jedoch am Widerstand der Deutschen und der Ungarn, die eifersüchtig ihre Sonderstellung verteidigten. Sowohl die Fundamentalartikel der Regierung Hohenwart als auch die Versuche des Grafen Badeni, eine Versöhnung zustandezubringen, waren durch die Eskalation dieses Konfliktes zum Scheitern verurteilt.

Während des Vormärz hatte sich bei den Tschechen, wie bei allen anderen Nationalitäten der Monarchie, ein durch die Romantik geförderter, zunächst rein akademischer Nationalismus ausgeprägt, dessen hervorragendster Vertreter Franz Palacký war. Seine noch im Jahre 1848 positive Stellungnahme zur Monarchie – sein Ausspruch: „Wenn es Österreich nicht gäbe, müßte man es erfinden!" wird häufig ohne die Erwähnung der Tatsache zitiert, daß er ihn später widerrufen hat – ändert sich angesichts der Unnachgiebigkeit gegenüber den tschechischen Forderungen nach dem böhmischen Staatsrecht bald. Palacký und sein Schwiegersohn František Rieger als Führer der Alttschechischen Partei vertraten die sogenannte Abstinenzpolitik, das heißt die gewählten tschechischen Abgeordneten blieben mit der Begründung, daß den Tschechen durch die Verfassung Unrecht geschehen wäre, dem Reichsrat in Wien fern. Dadurch allerdings konnten die Deutschen dort um so leichter dominieren. Erst die Jungtschechen, eine sich selbst als liberal verstehende Partei, versuchte an der Politik Cisleithaniens teilzuhaben.

Doch der Konflikt zwischen Deutschen und Tschechen hatte sich allzusehr aufgeschaukelt, keine der beiden Seiten konnte auch nur um ein Haar nachgeben. Die Deutschen betrachteten die Tschechen, wie auch aus gehässigen Karikaturen deutlich wird, als ein Volk dummer Bauern und Dienstboten, das unfähig war, sich selbst zu regieren. Was man dabei völlig übersah, war der seit den 80er Jahren unaufhörliche Aufstieg der Tschechen, die in vielen Lebensbereichen den deutschen Organisationen nationaltschechische gegenübersetzten: tschechische Banken ebenso wie tschechische Schulen, eine Universität in Prag, die aus der Teilung der alten Prager Universität in einen deutschen und einen tschechischen Teil hervorgegangen war und kulturelle Einrichtungen, wie etwa das tschechische Nationaltheater in Prag, in welchem man die Werke der tschechischen Komponisten Dvořák und Smetana aufführte.

Trotz dieses Aufschwunges erreichten die Tschechen auf politischer Ebene schließlich nichts, so daß sie immer mehr die Verwirklichung ihrer staatlichen Existenz außerhalb der Monarchie als selbständiger Staat zu sehen begannen und damit, wie alle anderen Nationalitäten, zu einem desintegrativen Faktor im Habsburgerstaat wurden.

— Paß auf, böhmische Löw, werd' ich dir richtige Haltung und Geberde vormachen, wie allein jetzt paßte für dich. Mit Faust haut me auf andere Hand und denkte sich dabei: No budeme, just net!

In der Möbel-Ausstellung.

— Wiede altdeitsche Mebeln! Bin ich neifierig, wann werden's einmal kummen jungczechische.

Die Tschechen

Zur tschechisch-deutschen Verständigung.

Die Geschichte wird sie die dreizehnte Herkulesarbeit nennen ... nämlich, wenn sie gelingt.

97

95—98. *Eines der Grundprobleme der Monarchie war der Streit zwischen Tschechen und Deutschen in Cisleithanien, der ständig eskalierte, anstatt sich zu einer Versöhnung (Abb. 97) ähnlich wie mit den Ungarn zu entwickeln. Böhmen hatte im Gegensatz zu Ungarn keine Anerkennung des böhmischen Staatsrechtes erreicht. Die Alttschechen waren daher dem Reichsrat in Wien ferngeblieben. Auf diese sogenannte Abstinenzpolitik war František Rieger, der Schwiegersohn des nationaltschechischen Führers Franz Palacký, festgelegt, der dem böhmischen Wappentier, dem zweischwänzigen Löwen, die Geste des „Justamentstandpunktes" beibringt (Abb. 95). Die jungtschechische Bewegung, die sich als eine Art nationalliberale Partei verstand, blieb weiterhin im Gegensatz zu den Deutschen (Abb. 96) und versuchte — vor allem unter Badeni — sich wieder in die Politik einzuschalten (Abb. 98), um Zugeständnisse auf dem sprachlichen Gebiet zu erreichen.*

98

Die Polen

Erst relativ spät war diese Nationalität in den Herrschaftsbereich der Habsburger gelangt. Mit der Teilung Polens 1772 hatte Maria Theresia das Königreich Galizien und Lodomerien gewonnen, das im wesentlichen von Polen und Ruthenen, das heißt Weißrussen, bewohnt war. In diesem Kronland bildeten die Polen, die einen Adel und ein überaus bescheidenes Bürgertum besaßen, die herrschende Schicht gegenüber den sozial weniger entwickelten, rein bäuerlichen Ruthenen, die von ihnen unterdrückt wurden. Während sie also selbst eine Nationalität unterdrückten, wehrten sie sich vehement gegen die Unterdrückung von Wien aus.
Gerade dieses Beispiel scheint typisch für die Komplexität des Nationalitätenproblems der Monarchie, das nicht auf die oft gebrauchte einfache Formel „Die Deutschen und die Ungarn unterdrückten die slawischen Nationalitäten" zu reduzieren ist. Auf den verschiedenen Ebenen gab es verschiedene Formen von Benachteiligung und Unterdrückung – jeder war jedes Feind, keine der Nationalitäten gönnte der anderen irgendeinen, wenn auch noch so geringen Vorteil.
Im Gegensatz zu den Tschechen haben sich die Polen von vornherein sehr intensiv an der Regierung und am parlamentarischen System Cisleithaniens beteiligt. Immer wieder waren Polen in führender Position zu finden, wie etwa Agenor Goluchowski als Staatsminister 1859 oder Kasimir Badeni als Ministerpräsident 1895-97. Daneben gab es in allen Kabinetten einen sogenannten galizischen Landesminister, der die Angelegenheiten seines Kronlandes im Rahmen der Regierung zu vertreten hatte.
Es ist daher nicht überraschend, daß die Polen für Galizien, im Gegensatz zu den Tschechen für Böhmen, 1907 so etwas wie einen Ausgleich erreichten, der dem Königtum Galizien und Lodomerien einen autonomen Sonderstatus zusprach.
Die Polen, die in den Karikaturen durch ihre besondere Kopfbedeckung charakterisiert werden, sind viel weniger im Brennpunkt der Kritik durch die deutschsprachigen satirischen Zeitschriften gestanden als die Tschechen, obwohl sich die Deutschen durch die verschiedenen einflußreichen polnischen Politiker und die polnischen Ministerpräsidenten letztlich gefährdeter hätten sehen müssen, als durch die in ständiger Opposition und Abstinenz politisch zurückgezogeneren Tschechen. Die Karikatur, die eine für die Polen typische Kopfbedeckung – eine Art Kalpak – als die dominierende der Monarchie zeigt, spielt darauf an.
Die in Galizien investierten Summen, die zur Verbesserung der Infrastruktur einer im Stadium eines heutigen Entwicklungslandes stehenden Provinz dienten, fanden natürlich auch Kritik von seiten der in den Zeitschriften repräsentierten Deutschen, die wieder einmal ihre Steuergelder in diese „fremden" Provinzen abfließen sahen.

99. Rechts: Die Karikatur stammt aus der Regierungszeit des polnischen Grafen Badeni, daher ist der polnische Hut obenauf. Die Kopfbedeckungen von Klerus und Armee gleich darunter sollen andeuten, daß in diesem Staat auch noch immer ein Zug des Neoabsolutismus wach war. Die diversen bürgerlichen Kopfbedeckungen darunter werden dadurch unterdrückt.

101. Rechts unten: Auch unter nicht-polnischen Ministerpräsidenten waren die Polen, die im Gegensatz zu den Tschechen aktiv waren, eine Stütze der Regierung, etwa unter Ministerpräsident Taaffe. Häufig verstanden sie es klug, ihre Regierungsbeteiligung für regionale Interessen in Galizien zu nützen.

100. Rechts: Die Förderungspolitik der Regierung Badeni gegenüber Polen wirkte sich vor allem im Eisenbahnbau aus, der natürlich auch strategische Gründe im Hinblick auf die Konfrontation mit Rußland hatte.

Pulinsky: Bruder, das ist eine elende Gegend, Weizen kann ich hier nicht bauen, und . . .
Schlapsky: So versuch's mit Kartoffeln!
Pulinsky: Geht leider auch nicht.
Schelmenowsky: So laß' das Reich Eisenbahn bauen.
Pulinsky: Gute Idee, werde gleich mit Casimir sprechen.

Vor dem Abgeordnetenhause.

— O Jegerl, die polnischen Deputirten san gut aufg'legt. Da g'schieht wieder a Malheur.
= Wieso denn?
— Weil da die Herren Polen wahrscheinlich wieder was z'schenken kriegt ham, daß für a neuche Steuer mit der Regierung stimmen.

Die Badenikrise

Der Hauptschauplatz des Nationalitätenkampfes im Westen der Habsburgermonarchie war ohne Zweifel Böhmen. Seit 1620 unterdrückt, 1867 nach dem Ausgleich mit den Ungarn ohne eine vergleichbare Lösung für das böhmische Königreich, das auf eine ähnliche historische Tradition zurückblicken konnte und nach dem Scheitern der Hohenwartschen Fundamentalartikel, fühlten sich die Tschechen – nicht ganz zu Unrecht – benachteiligt.

Der Konflikt schaukelte sich immer mehr auf. Die Forderungen der Tschechen wurden immer radikaler und weitergehend, ihre Kompromißbereitschaft nahm immer mehr ab. Und die Deutschen wurden immer borniterter und sturer gegenüber diesen Forderungen.

Die Verachtung der Tschechen, die man als ein Volk von Bauern und Dienstboten betrachtete, deren Sprache man verspottete und zu lernen ablehnte, wurde auch in den Karikaturen der deutschliberalen Wiener Zeitschriften deutlich ausgedrückt.

Für die Politiker der Zeit ergab diese ständig steigende Spannung eine unüberwindliche Schwierigkeit. Gab man den Tschechen nach, brach der Proteststurm der Deutschen los; setzte man die Politik der Unterdrückung des böhmischen Staatsrechtes, der sprachlichen, kulturellen und politischen Rechte der Tschechen fort, so konnte man sich eines ständigen Kampfes dieser Volksgruppe gegen die Regierung, gegen die Zentrale in Wien, sicher sein.

Graf Kasimir Badeni, dessen Regierung der „starken Hand" slawenfreundlich war, gelang es, die Jungtschechen für sich zu gewinnen. Trotz seines Erfolges in der Durchsetzung der Wahlreform, war seine Politik ebenso wie die seiner Vorgänger vom „Weiterwursteln" bestimmt. Der Preis für die positive Einstellung der Jungtschechen zur Regierungspolitik sollten die Sprachverordnungen sein. Diese sahen für Böhmen und Mähren vor, daß die Amtsführung zukünftig zweisprachig, das heißt deutsch und tschechisch sein sollte. In einer zweiten Verordnung wurde bestimmt, daß die Beamten in Böhmen innerhalb einer Frist von drei Jahren beide Sprachen perfekt erlernen müßten. Das war bei der Einstellung der Deutschen zum Tschechischen ein klarer Vorteil für die Beamten tschechischer Nationalität, die schon durch die vorwiegend in deutscher Sprache erfolgte Bildung dieser Sprache mächtig waren. Die deutschen Beamten lehnten eine Erlernung der „minderwertigen" tschechischen Sprache ab.

Doch noch prinzipieller, und nicht von den Betroffenen selbst kommend, waren die Reaktionen in Wien. Seit den Sturmtagen des Jahres 1848 hatte es keine Tumultszenen und Demonstrationen dieses Ausmaßes auf der Straße und auch im Reichsrat gegeben. Im Parlament kam es neben der relativ harmlosen Obstruktion – man redete unendlich lange, um den Geschäftsgang des Hauses zu behindern – auch zu Handgreiflichkeiten. Als der Druck der Straße – die Deutschnationalen, allen voran die deutschnationalen Studentenverbindungen sorgten für die entsprechende Stimmung – und die Wirren im Parlament ihren Höhepunkt erreichten, mußte Kaiser Franz Joseph am 28. April 1897 die Schließung des Parlaments verfügen, was gleichzeitig auch den Sturz Badenis bedeutete. Der Versuch eines Ausgleiches mit Böhmen war wieder gescheitert.

Der Karren war mehr als je zuvor verfahren.

Badeni's Eiertanz.

Reparaturbedürftig.

Die Badenikrise

102. Links: Badeni, mit der typischen Polenmütze gekennzeichnet, versucht — mit seinem „Eiertanz" — nicht, die Probleme zu lösen, sondern zu umgehen, meint die ihm feindliche Presse. Im Hintergrund führende Politiker, z.B. ganz links Schönerer.

103. Links: Seit Jahrzehnten ungelöste Fragen beschäftigten auch Badeni, das Ergebnis seiner Bemühungen wird mit dieser Karikatur sehr sarkastisch dargestellt.

BILDTEXT:
Graf Badeni soll sich entschlossen haben, seinen Kopf einem Kesselflicker zu überantworten, da er sich ihn in der letzten Zeit wiederholt zerbrochen hat.

104. Die Karikatur sagt aus, daß die Tschechen mit der Badenischen Sprachverordnung nur einen Schritt auf die Verwirklichung ihrer Wünsche hin getan hätten, die Anerkennung des böhmischen Staatsrechtes würde zu einer ähnlichen Situation wie dem Ausgleich mit Ungarn und damit auch zur Krönung Franz Josephs zum König geführt haben.

Thun und der neuerliche Ausgleichsversuch

Nach dem Sturz Badenis und der verschiedenen Zwischenministerien glaubte man mit dem böhmischen Adeligen Franz Graf von Thun und Hohenstein wieder einen starken Mann gefunden zu haben, dem man zutraute, einen Ausgleich zwischen Deutschen und Tschechen zustandezubringen, obwohl er sich davor in seiner Tätigkeit als Statthalter von Böhmen radikal gegen die Jungtschechen als führende Kraft in diesem Raume gestellt hatte.

Obwohl in seinem Ministerium sowohl die Deutschliberalen als auch die Jungtschechen vertreten waren, kam es nicht zu dem erwünschten Ausgleich. Auch Thun mußte wie alle seine Vorgänger immer häufiger zu dem beliebten § 14, dem Notverordnungsparagraphen, Zuflucht nehmen.

All die seit Jahrzehnten aufgestauten Probleme der Monarchie belasteten die Regierung des böhmischen Feudalen, auf dieses Thema spielt die Karikatur mit dem Schilderwald an, die allerdings nur die aus der Sicht der Deutschliberalen wichtigen Probleme nennt: die Erneuerung des Ausgleichs mit den Ungarn, die immer schwieriger zustandezubringen war, da die Tücken des 1867 geschlossenen Vertrages immer offensichtlicher wurden: die deutsch-tschechischen Probleme; Verfassungsfragen, allen voran das Wahlrecht und die immer häufiger und radikaler auftretende Obstruktion der Nationalitäten im Reichsrat. Dazu kamen auch noch wirtschaftliche Probleme, wie etwa die unlösbar scheinende Frage der Zuckersteuer, bei der sich die Ungarn querlegten, oder die sozialen Probleme, die beinahe grundsätzlich von der Regierung und der deutschliberal orientierten öffentlichen Meinung negiert wurden.

Die Hauptsorge der deutschdominierten Karikaturenzeitschriften blieb die Verfassung, durch die ihre Vorherrschaft garantiert war, die man beständig der Gefahr einer föderalistischen Transformation ausgesetzt sah. Die Karikatur, in der Thun auf dem doppelschwänzigen Löwen, das Staatssymbol Böhmens reitet, zeigt die Ängste deutlich auf; die Dame, über die Thun hinwegsaust, soll die Verfassung symbolisieren.

Aber auch Thun, der sich als sehr hartnäckig erwies, mußte schließlich weichen, um den ebenso erfolglosen und kurzlebigen Regierungen des Grafen Clary-Aldringen und Heinrich Ritter von Wittek Platz zu machen. Erst mit der Regierung Ernst von Körbers kehrte ein wenig Stabilität in die innenpolitische Szene der westlichen Reichshälfte zurück.

105. *Ministerpräsident Thun-Hohenstein reitet auf dem zweischwänzigen böhmischen Löwen — eine Anspielung auf den neuerlichen Ausgleichsversuch —, das Opfer ist die zentralistische Verfassung.*

Thun und der neuerliche Ausgleichsversuch

106.—107. Thun-Hohenstein wurde von den Liberalen nicht sehr hoch eingeschätzt, man verglich ihn in einem schönen Wortspiel mit Marc Anton (An-Thun), dessen Statue (als Bronzeguß heute vor der Sezession in Wien zu sehen) auf ihn bezogen wird — allerdings mit der Anspielung auf den Gipskopf — in Wien ein „klassisches" Schimpfwort. Die Löwen sind durch ihre Zweischwänzigkeit zu böhmischen Wappentieren umfunktioniert (Abb. 105). Auch Thun konnte die seit Jahren aufgestauten Probleme der Monarchie nicht lösen — von liberaler Seite warf man ihm immer wieder vor, daß er in nationalen Fragen mit Blindheit geschlagen sei — d.h. er war für die Liberalen zu versöhnlich gegenüber den Slawen.

Das Wirtschaftskonzept der Regierung Körber

Die Erfahrungen der letzten Ministerpräsidenten hatten gezeigt, daß ohne einen Neuansatz jede Regierung am Gegensatz zwischen Deutschen und Slawen scheitern mußte. Ernst von Körber, der ehemalige Handelsminister, glaubte einen solchen gefunden zu haben. Ein Ausbau der Wirtschaft sollte die Kräfte der Menschen binden und sie von dem leidigen Nationalitätenstreit ablenken. Die Habsburgermonarchie war ein sehr differenziertes Wirtschaftsgebilde, in einzelnen Regionen war dieser Staat hochindustrialisiert, wenn auch diese Industrialisierung immer hinter der Westeuropas nachhinkte, während große Teile der Monarchie rein agrarisch geblieben waren.

Die Industrie konzentrierte sich vor allem in Nordböhmen, wo große Kohlevorkommen lagen, die eine Schwerindustrie ermöglichten, während das Eisenerz aus der oberen Steiermark mit Hilfe des mittlerweile gut ausgebauten Bahnnetzes dieses Staates nach Böhmen gelangen konnte. In diesem Raum also war die Schwerindustrie und auch die Textilindustrie angesiedelt; daneben gab es rund um die großen Städte, insbesondere auch um Wien, industrielle Zentren. Auch Vorarlberg mit seiner Textilindustrie war anderen Kronländern gegenüber hochindustrialisiert.

Die zweite Hälfte des 19. Jahrhunderts hatte die Vereinheitlichung des Wirtschaftsraumes gefördert, Zollschranken waren gefallen und die Infrastruktur, Straßen und Bahnen, war enorm ausgebaut worden. All diese Voraussetzungen waren sehr günstig für den Handel im Inneren des Reiches, brachten aber auch für den Außenhandel manchen Vorteil mit sich.

Körber versuchte diese Politik zu intensivieren, besonders der Bau von Gebirgsbahnen wurde in der Ära Körber vorangetrieben.

Immerhin hat es Körber geschafft, sich mit seinem Wirtschaftsprogramm, das vom Nationalitätenstreit ablenken sollte, vier Jahre – doppelt so lange wie die erfolgreichsten seiner Vorgänger – an der Regierung zu halten. Schließlich allerdings scheiterte auch er an den immer unlösbarer werdenden Konflikten dieses Staatsgebildes.

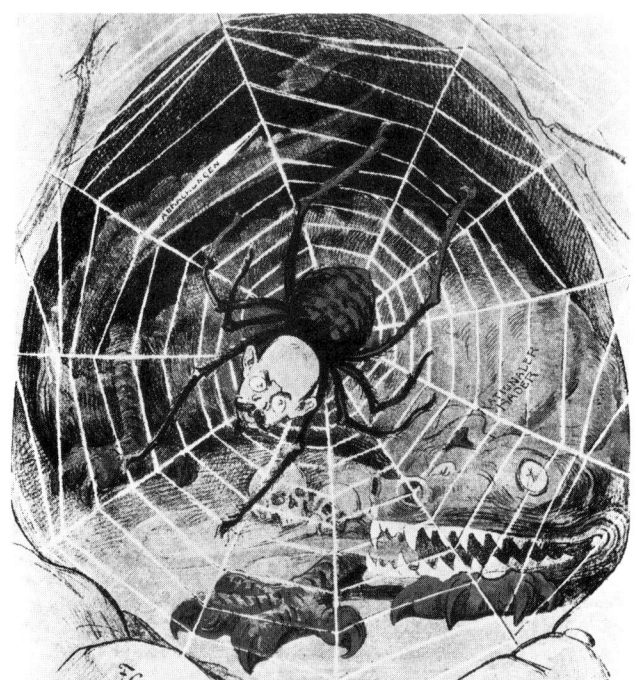

108, 109. Der Drache (der Nationalitätenhader), den Körber mit seinem Wirtschaftsprogramm ablenken wollte, schlief nur. Hinter seinem Rücken tanzt man um seine Gegner, die „Goldenen Kälber": um Schönerer (links) die Deutschen, um den böhmischen Löwen die Tschechen (rechts).

Das Wirtschaftskonzept der Regierung Körber

110. Ernest Körber versuchte durch wirtschaftliche Maßnahmen (zu denen auch der Ausbau der Energiewirtschaft zählte) den Nationalitätenstreit zu überspielen und die Gesamtstaatsidee zu propagieren.

Der Paragraph 14 und die drei Regierungen Gautsch

Hatte man im Gegensatz zu Körber keine Idee, wie man die Nationalitäten von ihrem Hader ablenken konnte, mußte man einen der oft zitierten Paragraphen der Verfassung von 1867 in Anspruch nehmen, nämlich den sogenannten Notverordnungsparagraphen:

„§ 14. Wenn sich die dringende Notwendigkeit solcher Anordnungen, zu welcher verfassungsmäßig die Zustimmung des Reichsrates erforderlich ist, zu einer Zeit herausstellt, wo dieser nicht versammelt ist, so können dieselben unter Verantwortung des Gesamtministeriums durch kaiserliche Verordnung erlassen werden, insoferne solche keine Änderung des Staatsgrundgesetzes bezwecken, keine dauernde Belastung des Staatsschatzes und keine Veräußerung von Staatsgut betreffen. Solche Verordnungen haben provisorische Gesetzeskraft, wenn sie von sämtlichen Ministern unterzeichnet sind und mit ausdrücklicher Beziehung auf diese Bestimmung des Staatsgrundgesetzes kundgemacht werden.
Die Gesetzeskraft dieser Verordnungen erlischt, wenn die Regierung unterlassen hat, dieselben dem nächsten nach deren Kundmachung zusammentretenden Reichsrate, und zwar zuvörderst dem Hause der Abgeordneten, binnen vier Wochen nach diesem Zusammentritte zur Genehmigung vorzulegen, oder wenn dieselben die Genehmigung eines der beiden Häuser des Reichsrates nicht erhalten.
Das Gesamtministerium ist dafür verantwortlich, daß solche Verordnungen, sobald sie ihre provisorische Gesetzeskraft verloren haben, sofort außer Wirksamkeit gesetzt werden."

Der „Spezialist" für das Regieren mit Hilfe des Notverordnungsparagraphen war Paul Gautsch Freiherr von Frankenthurn. Nicht weniger als dreimal bildete dieser Politiker, der als Vertrauensmann des Kaisers galt, eine Regierung auf der Grundlage des § 14. Im Jahre 1897/98, nachdem der polnische Graf Badeni gefallen war, war es Gautsch, der in seiner kurzen Übergangsregierung die Sprachverordnungen, die zu Tumulten geführt hatten, wieder aufhob. Nach dem Sturz der Regierung Körber 1905/06 und dann nochmals nach dem Fall des Kabinettes Bienerth-Schmerling 1911 bildete Gautsch jeweils ein Ministerium.

1905 versuchte Gautsch eine Wahlrechtsreform durchzuführen und damit ein Langzeitproblem der österreichischen Verfassung in Angriff zu nehmen, das eigentlich seit dem Jahre 1867 immer wieder verschoben und vertagt wurde, ohne daß die von den Arbeitern – unter Gautschens Regierung demonstrierten im November 1905 an die 200.000 Menschen in den Straßen Wiens für ein allgemeines Wahlrecht – erhobenen Forderungen erfüllt wären. Das Kabinett Gautsch II scheiterte an dieser Wahlrechtsreform, die sein Nachfolger zustande bringen sollte.

1911 hatte unter der Regierung von Richard Graf Bienerth-Schmerling der Protest der Tschechen, ausgedrückt durch die sogenannte Obstruktion – das Halten stundenlanger Reden im Abgeordnetenhaus, um einen geregelten Geschäftsgang zu verhindern – neuerlich zu einer Auflösung des Parlamentes geführt.
Wiederum war Gautsch zur Stelle, um – gestützt auf den Notverordnungsparagraphen – zum dritten Mal eine Übergangsregierung zu bilden.

111. Rechts: Paul Gautsch von Frankenthurn, der mehrere Regierungen bildete, war ein „Spezialist" für §14 der Verfassung, den Notverordnungsparagraphen, und regierte mit seinen Kabinetten meist ohne Parlament.

Der Paragraph 14 und die drei Regierungen Gautsch

In der Konferenz der parlamentarischen Parteiführer.

Paragraph 14: Halt, meine Herren, jetzt hab' ich das Wort!

112. Die parlamentarischen Parteiführer werden mit Hilfe des Notverordnungsparagraphen in Schrecken versetzt (die militärische Kleidung der drohenden Figur könnte auf Gautsch anspielen, der Direktor der Wiener Neustädter Militärakademie war), denn man sah hinter jeder unparlamentarischen Regierung die Gefahr des auf die Armee gestützten Absolutismus.

Die Wahlreformfrage und die Regierung Beck

Mit der Einführung einer konstitutionellen Staatsform 1867 war es auch zu einer Festlegung jener Teile der Bevölkerung gekommen, die gemäß dem liberalen Grundsatz der Repräsentation von „Besitz und Bildung" für die Teilnahme am politischen Leben ausersehen waren. Das Wahlrecht, das bis 1873 indirekt über die Landtage lief, war auf dem Zensus, das heißt der Steuerleistung aufgebaut, eine Summe von 10 Gulden berechtigte zur Teilnahme am politischen Leben, das heißt zur Wahl. Dieses äußerst eingeschränkte Wahlrecht umfaßte nicht mehr als etwa 6% der Bevölkerung, doch wurden schon zu dieser Zeit die ersten Forderungen nach einer Ausdehnung des Wahlrechtes auf andere Bevölkerungsgruppen mit der Tendenz zu einem allgemeinen Wahlrecht erhoben.

1882 wurde der Zensus auf 5 Gulden abgesenkt, doch eine Wahlrechtsreform, die wirkliche Veränderungen bringen konnte, stand noch immer aus. Nachdem die Regierung Taaffe an der Wahlrechtsvorlage 1893 gescheitert war, gelang es schließlich Badeni, eine solche Reform 1896 durchzuführen, eine fünfte Kurie, die „allgemeine Wählerklasse" für Männer wird zwar eingeführt, jedoch ist dieses Wahlrecht weit entfernt vom Gleichheitsgedanken. Während in der Kurie der Handels- und Gewerbekammern 583 Wähler 21 Abgeordnete wählen können, sind in der allgemeinen Wählerklasse 5,5 Millionen Menschen nur von 72 Abgeordneten vertreten.

Die Forderungen nach dem allgemeinen, gleichen, geheimen und direkten Wahlrecht werden allerdings immer vehementer erhoben, insbesondere die Arbeiter, seit der Gründung der Sozialdemokratischen Partei auch organisatorisch in der Lage ihren Forderungen Nachdruck zu verleihen, versprechen sich dadurch eine Verbesserung ihrer miserablen Lage. Nachdem die Regierung Gautsch II an der Wahlrechtsvorlage gescheitert war, gelang es Max Wladimir Freiherr von Beck, der von 1906 bis 1908 Ministerpräsident war, diese Wahlreform durchzuführen und damit das Kurienwahlrecht in Österreich zu beseitigen, allerdings schuf er nur ein allgemeines Männerwahlrecht, die Ausdehnung des Wahlrechtes auf die Frauen sollte erst der Republik vorbehalten sein. Die Regierung Beck schien nach diesem Schritt in der Wahlrechtsfrage und der Erneuerung der Ausgleichverhandlungen mit Ungarn recht erfolgreich zu sein, doch scheiterte auch diese Regierung an dem unlösbar scheinenden Ausgleich mit den Tschechen.

Außenpolitisch war es die Regierung des Freiherrn Max Wladimir von Beck, die die Okkupation Bosniens und der Herzegowina in eine Annexion umwandelte.

113. Die Ungleichheit des Wahlrechts, bei dem in den ersten beiden Kurien nur wenige Menschen einen Abgeordneten wählten, während in der allgemeinen Wählerkurie hunderttausend und mehr Stimmen auf ein Mandat entfielen, wurde vor allem von seiten der Sozialdemokraten kritisiert.

Die Wahlreformfrage und die Regierung Beck

Auf zum Kampf gegen das Ungeheuer!

114. Die Vertreter aller Parteirichtungen — Tschechen, Liberale, Klerikale, Polen, Juden, im Hintergrund zu Pferd die Feudalen und auf der Mauer sitzend die Arbeiterpartei — attackieren das Wahlrecht, dessen Reform durch Jahrzehnte hindurch ein beherrschendes Zentralthema der Innenpolitik war.

115. Rechts: Als Folge der Wahlreform unter Beck erwartete man eine kräftige Verschiebung in der Zusammensetzung des Parlaments in Richtung der Massenparteien.

BILDTEXT:
Prognose für den Wahlmonat Mai. Das allgemeine Wahlrecht: Ich sehe viele, die nicht da sind!

Die Bündnispolitik Österreich-Ungarns

Nach der Niederlage der Habsburgermonarchie 1866 hatte Bismarck, der diesen Krieg als einen Kampf um die Vorherrschaft in Deutschland gesehen hatte, darauf verzichtet, Gebietsgewinne zu machen. Er wollte die Habsburgermonarchie nicht demütigen, sah er doch in ihr den Bündnispartner der Zukunft. 1879 schlossen das nunmehr geeinigte Deutschland und das längst im Dualismus gespaltene Österreich-Ungarn den Zweibundvertrag ab, dessen treibende Kraft auf seiten der Habsburgermonarchie der Außenminister Graf Julius Andrássy war. Der Vertrag richtete sich in erster Linie gegen Rußland. Bei einem Angriff dieses Gegners, und nur dann, verpflichteten sich die Partner zum gegenseitigen Beistand. Bei allen anderen Kriegsfällen war nur Neutralität vorgesehen. Dieser zunächst auf fünf Jahre abgeschlossene Vertrag wurde immer wieder erneuert und führte schließlich die beiden Staaten Seite an Seite in den ersten Weltkrieg.

1882 wurde der Zweibund mit dem Beitritt Italiens zum Dreibund erweitert, wobei die genauen Bestimmungen sehr vage gehalten waren. Das Bündnis trat nur in dem Fall in Kraft, wenn ein oder zwei Verbündete von einer Übermacht, also von zwei oder mehr Staaten angegriffen wurden. Eine Sonderregelung erlaubte es Italien, im Falle eines Krieges zwischen Deutschland bzw. der Habsburgermonarchie und England, frei zu entscheiden, auf welche Seite es sich schlagen würde. Dieser Fall trat letztlich am Beginn des Ersten Weltkrieges ein, so daß die häufig zu findenden Anschuldigungen gegen Italien, einen „Verrat" begangen zu haben, rechtlich gesehen falsch sind.

Ein Jahr später wurde ein anderer Staat, nämlich Rumänien einbezogen, Österreich-Ungarn schloß mit diesem Staat ein geheimes Defensivbündnis gegen Rußland ab. 1901 und schließlich 1913 wurde dieser Vertrag verlängert. Während Deutschland und die Habsburgermonarchie gemeinsame Interessen und vor allem gemeinsame Gegner hatten, waren sowohl die Beziehungen Italiens als auch Rumäniens zur Monarchie schwer belastet durch die nationale Frage. 700.000 Italiener und über 3 Millionen Rumänen lebten unter habsburgischer Herrschaft und bildeten einen Konfliktstoff, über den die besten Verträge nicht hinwegtäuschen konnten.

Diese Gegensätze waren schon in den Krisen am Balkan sichtbar und spürbar geworden, mit dem Beginn eines Krieges, bei dem sich auch das mittlerweile in aller Stille entstandene Gegenbündnis, die Entente zwischen Großbritannien, Frankreich und Rußland bemerkbar machte, kam der Bruch offen zu Tage. Sowohl Italien, das zunächst neutral blieb, als auch Rumänien traten nicht auf seiten der sogenannten „Mittelmächte", sondern mit der Entente in den Krieg ein.

Zur Begegnung Tittoni-Aehrenthal in Salzburg.

So oft Tittoni mit dem Friedenswerkel auf die Reise geht, wird den Irredentisten und ihrer Presse der Maulkorb umgehängt.

116. Spannung innerhalb des Dreibundes deutet diese Karikatur an. Die „unerlösten" Italiener in der Habsburgermonarchie waren Ziel der Irredentapolitik Italiens, die anläßlich des Treffens der beiden Außenminister kurzzeitig stillgehalten wurde.

117. Der Dreibund, bestehend aus Italien, dem Deutschen Reich und der Habsburgermonarchie, wird einengend umringt von England (John Bull), Rußland und Frankreich, den Bündnispartnern in der Entente.

Die Balkankrisen

Das einst so mächtige Osmanische Reich – jahrhundertelang der Schrecken Europas – hatte seit dem 18. Jahrhundert zunehmend an Macht verloren. Aus der „Geißel der Christenheit" war der „kranke Mann am Bosporus" geworden, dessen Provinzen von Krisen geschüttelt waren und dessen Außenpolitik konturiert den Einfluß des gerade mächtigsten Botschafters einer der Großmächte wiederspiegelte. Die Instabilität der Situation auf dem Balkan war letztlich eine Folge der inneren Schwäche des Osmanischen Reiches. Dazu trat jedoch noch ein weiterer Aspekt, der sich seit dem 18. Jahrhundert immer deutlicher gezeigt hatte, der Gegensatz zwischen der Habsburgermonarchie, deren natürliche Expansion in den Südosten wies und der durch die panslawistische Ideologie ebenso wie durch die verbindende orthodoxe Religion gestützte russische Einfluß auf die Balkanprovinzen.

Seit den 70er Jahren riß die Serie der Konflikte in diesem Raum nicht mehr ab. Nach der Neugestaltung der Situation am Berliner Kongreß, in dem Bulgarien, Serbien, Montenegro und Rumänien unabhängig, Ostrumelien zur autonomen Provinz wurden, und die Großmächte jeweils eine Schnitte des Kuchens selbst einsteckten – Rußland Bessarabien, England Zypern und Österreich-Ungarn Bosnien und die Herzegowina –, gärte es weiter.

Eine Reihe von Krisensituationen zeigt die Verstärkung der Militanz, die schließlich gemeinsam mit den ausgebildeten Bündnissystemen und einigen anderen Faktoren zum ersten Weltkrieg führen sollte. Österreich-Ungarn hatte 1879 Bosnien und die Herzegowina nur besetzt und unter seine Verwaltung genommen, doch die Bestrebungen gingen dahin, diese Okkupation in eine dauernde Annexion umzuwandeln. Den Vorwand bot die 1908 stattgefundene jungtürkische Revolution, die das Osmanische Reich zu einem konstitutionellen Staat machte, dessen Abgeordnete unter anderem auch aus den von Österreich besetzten Provinzen kommen sollten. Das 60jährige Regierungsjubiläum Kaiser Franz Josephs – zu dem er noch einmal als „Mehrer des Reiches" auftreten konnte – verstärkte die lange gehegten Intentionen, und Österreich annektierte die beiden Provinzen Bosnien und Herzegowina unter gleichzeitiger Rückgabe des Sandschaks Novipazar an die Osmanen.

Diese Aktion Österreich-Ungarns endete gewaltlos. Eine Polemik der beiden Außenminister Ährental und Iswolski in einer englischen Zeitschrift war die schlimmste Folge. Die Balkankriege der Jahre 1911/12 und 1912/13, an denen die Habsburgermonarchie nicht beteiligt war, blieben lokal beschränkt.

Vielleicht haben diese Krisen den Eindruck verstärkt, daß auch in der Aufregung nach dem Tod des Thronfolgers beim Attentat von Sarajewo ein lokal begrenzter, kontrollierbarer Konflikt die schlimmste mögliche Folge sein könnte. Das wirkliche Resultat war ein Krieg, der Europa grundlegend umgestaltete.

119. Der Kaiser hält zwei Mädchen (Bosnien und Herzegowina) auf den Knien. Der Text: „In meinem Alter noch Eroberungen" nimmt die Annexion Bosniens und der Herzegowina im 60. Regierungsjahr Franz Josephs aufs Korn.

Die Balkankrisen

Geologische Erscheinung.

Aus dem Boden der Türkei wächst ein europäisches Schreckgespenst empor.

120. Auf dem Balkan gab es im 19. Jahrhundert eine Folge regional beschränkter Krisen. Das schwache Osmanische Reich war dem aufkommenden Nationalismus gegenüber hilflos. Zu Füßen des Gespenstes einer Großkrise tummeln sich Türken und Angehörige der verschiedenen Balkanvölker, im Hintergrund sind auch Repräsentanten der Monarchie zu erkennen.

118. Links oben: Nach der Annexionskrise des Jahres 1908, als sich die Habsburgermonarchie die zunächst nur okkupierten Provinzen einverleibte, standen Österreich-Ungarn und das Deutsche Reich isoliert ihren Gegenspielern England, Rußland, dem Osmanischen Reich, Italien und Frankreich gegenüber.

BILDTEXT:
Olympische Spiele. Ein aufregender Kampf um das europäische Gleichgewicht mit überlegenem Gegner.

Die Regierung des Grafen Stürgkh

Nach dem Fall des Grafen Beck, der die seit so langer Zeit herumgeschleppte Wahlrechtsvorlage durchgebracht hatte, versuchten sich einige Ministerpräsidenten längere Zeit am Trapez zu halten, doch keinem gelang es. Als 1911 schließlich der aus einem alten steirischen Adelsgeschlecht stammende, früher als Bürokrat, später als deutschliberaler bzw. deutschnationaler Abgeordneter hervorgetretene Stürgkh die Regierung übernahm, ahnte niemand, wie außergewöhnlich lange er sich halten würde.

Ein Biograph (Alexander Fussek) dieses Ministerpräsidenten drückt sehr klar aus, wieso es dazu kam: „Der Großteil der negativen Kritiker sprechen Graf Stürgkh jede staatsmännische Kunst ab und glauben, daß er nur auf Grund der besonderen Verhältnisse – Kriegszeit, Alter des Kaisers u.a.m. – so lange sein Amt inne haben konnte, was an sich nicht unrichtig sein dürfte."

Die Suche des greisen Kaisers nach einem starken Mann – auf der er Zeit seines Lebens war – hat ihn vielleicht dazu geführt, Stürgkh so lange zu halten, obwohl die Karikaturen den neuen Ministerpräsidenten schon am Beginn seiner Regierung zutreffend als Marionette darstellten, mit dem die verschiedenen, untereinander völlig verfeindeten Parteien, deren Hader der Ministerpräsident nicht zu schlichten imstande war, spielen.

Manche seiner Aktivitäten weisen schon im voraus auf den großen Krieg hin. Nach langen Jahren des Friedens fühlte man nach den Balkankrisen, daß eine neue größere Entscheidung bevorstand. In einer neuen Wehrvorlage wollte Stürgkh die Zahl der Soldaten der Monarchie erhöhen, doch war diese wie auch andere größere Vorhaben auf parlamentarischer Ebene schwierig oder gar nicht durchzusetzen. Durch die Obstruktion der Tschechen gezwungen, mußte Stürgkh schon im März des Jahres 1914 wieder einmal mit dem sattsam bekannten Paragraphen 14 regieren, ein Zustand, der bis zu seinem Tod, 1916, anhalten sollte. Mit dem Ausbruch des ersten Weltkrieges, den der Ministerpräsident begrüßte, wurde in Österreich eine Militärverwaltung der zivilen Regierung vorgesetzt, die ihn noch mehr als vorher zur Marionette der wirklich Mächtigen degradierte.

Mit dem Ausbruch des Krieges waren auch die satirischen Zeitschriften einer Zensur unterworfen, die keine Kritik an der innenpolitischen Lage mehr zuließ. Zudem haben die meisten Zeitschriften sich auf eine Kriegshetze, die nun die Gegner betraf, umgestellt.

Dennoch blieb der Ministerpräsident eine Symbolfigur des herrschenden Systems, das mit einer brutalen Militärherrschaft besonders die Lebensbedingungen des einfachen Mannes, insbesondere der Arbeiter, die in den unter Militärverwaltung stehenden Fabriken buchstäblich zur Arbeit geprügelt wurden und die durch die Schere zwischen Lohnkürzungen und Preissteigerungen bei Lebensmitteln in einer hoffnungslosen Lage waren, deutlich verschlechtert.

Stürgkh wurde am 21. Oktober 1916 – genau ein Monat vor dem Tod des Monarchen – im Speisesaal des Hotels Meißl & Schaden von dem jungen, radikalen Sozialdemokraten Dr. Friedrich Adler, dem Sohn des großen Parteigründers, erschossen. Die Rede Adlers vor dem Ausnahmegericht ist ein auch heute noch gelesenes Dokument gegen die Willkürherrschaft in der Donaumonarchie zur Zeit des Weltkrieges.

121. Schon vor dem Ausbruch des Ersten Weltkrieges regierte Stürgkh mit Hilfe des §14, des Notverordnungsparagraphen. Ein Proletarier fragt Stürgkh nach der Wiederherstellung der demokratischen Zustände, doch dieser meint, daß die Parlamentsabgeordneten, die im Käfig des §14 sitzen, mit dieser Situation nicht unzufrieden wären.

Die Regierung des Grafen Stürgkh

122. Die Regierung des Grafen Stürgkh wird als besonders schwach — oder marionettenhaft — charakterisiert. Vertreter aller möglichen Parteien — Deutschnationale, Polen, Liberale, Tschechen, Juden — versuchen, zu ihrem Vorteil mitzuspielen.

Der Ausbruch des Ersten Weltkrieges

Der Verfall des osmanischen Reiches, der schon Ende des 17. Jahrhunderts deutlich sichtbar war, nahm im Laufe des 19. Jahrhunderts Formen an, die diesen Raum zu einem Machtvakuum machten, in dem sich die Großmächte Europas wie in einem generalstabsmäßigen Sandkastenspiel betätigen konnten. Insbesondere Rußland und die Habsburgermonarchie standen einander in feindlicher Haltung gegenüber.

Neben diesen Gegensätzen auf dem Balkan beherrschten eine Reihe von anderen Spannungen die Verhältnisse der Mächte zueinander. Der französisch-deutsche Gegensatz wegen Elsaß-Lothringen und die französischen Revanchegelüste, die Spannung zwischen Deutschland und England wegen der deutschen Flottenpolitik, die vielen nationalistischen Wünsche der einzelnen Völker nach Einverleibung ihrer unter anderer Herrschaft lebenden Konationalen.

Während es gelungen war, die Serie der Konflikte seit der Balkankrise der 70er Jahre entweder gewaltfrei zu halten oder zumindest lokal zu beschränken, wurde aus einer zunächst ähnlichen Krisensituation 1914 ein Großkonflikt ersten Ranges. Mit ein gewichtiger Grund für die Ausweitung der Krise waren die bestehenden Bündnisverträge. Die Habsburgermonarchie, das Deutsche Reich sowie Italien und Rumänien bildeten eines dieser Systeme, die Russen, Engländer und Franzosen das gegnerische, die Entente Cordial. Alle diese Staaten hatten imperialistische Interessen, alle diese Staaten warteten auf eine Gelegenheit zum Losschlagen.

Der Thronfolger Franz Ferdinand, dessen enger Vertrauter Hötzendorf war, vertrat den Kaiser im Juni 1914 bei den Manövern in Bosnien-Herzegowina. Für die Serben war Franz Ferdinand sicherlich eine der hassenswertesten Persönlichkeiten der Monarchie. Deutlich gingen seine Bestrebungen in Richtung auf eine Sonderstellung für die Südslawen – den sogenannten Trialismus – hin, was die Attraktivität Serbiens für die Kroaten und Slowenen unter Habsburgs Herrschaft zunichte gemacht hätte. Es war nur eine Frage der Zeit, wann dieser Mann seine Ideen verwirklichen konnte.

Noch dazu hatte man für den Tag der Parade in Sarajewo, der Hauptstadt Bosniens, einen mit starken Emotionen belasteten Termin gewählt, den 28. Juni, den vidov-dan, der an die Schlacht auf dem Amselfeld 1389 erinnert, bei der die Osmanen das unabhängige Serbien mit einem Schlage auslöschten, ein Tag nationaler Trauer also, an dem es als Provokation empfunden werden mußte, Habsburgs Macht in Bosnien zur Schau zu stellen.

Der junge bosnische Student Gavrilo Princip, der Beziehungen zu einer serbischen Geheimorganisation hatte, ermordete den Thronfolger und seine Frau durch Pistolenschüsse. Das Attentat löste die „Julikrise" aus, die in einem österreichischen Ultimatum an Serbien, hinter dem Rußland gestellt hatte, gipfelte. Die darauffolgenden Mobilmachungen in verschiedenen Staaten lösten schließlich durch das Inkrafttreten der verschiedenen Bündnisverträge und Geheimabkommen den Ersten Weltkrieg aus. Die ersten Karikaturen aus diesem langen Krieg zeigen zwei Phänomene: den Haß gegen die Feinde, der nun alle inneren Querelen zum Schweigen brachte und die ungeheuerliche Selbstsicherheit, ja Selbstüberschätzung der Mittelmächte, die ab der Mitte des Krieges, schon vor dem Tode Franz Josephs am 21. November 1916, zunehmend ins Hintertreffen gerieten.

Ritter Götz von Przemysl.

Der Ausbruch des Ersten Weltkrieges

123. Links: Die große Siegeszuversicht des ersten Kriegsjahres drückt sich in dieser Zeichnung aus — die von den Russen hart bedrängte Festung Przemyśl in Galizien hatte geradezu Symbolwert für die Doppelmonarchie. Noch glaubte man fest an einen Sieg der Mittelmächte.

BILDTEXT:
„Mich ergeben! Auf Gnad und Ungnad! Mit wem redet Ihr! Bin ich ein Räuber! Sag deinem Hauptmann — sag's ihm, er kann mich — —"
(Schmeißt das Fenster zu.)

124. Links: Diese und viele ihr folgenden Karikaturen sind charakteristisch für die Wendung der satirischen Zeitschriften von spöttischer Kritik an der Innenpolitik zur Kriegshetze, eine Veränderung, die sicherlich auch mit der verschärften Zensur in dieser Zeit zusammenhing.

BILDTEXT:
In der Hölle. Oberteufel (zum Unterläufel): Merk' dir die zwa! Wenn die kumma, haz urdentli ein!

»Wir waschen unsere Hände in Unschuld!«

125. Die Zeichnung zeigt Peter I. von Serbien, Nikola I. von Montenegro und Zar Nikolaus II. von Rußland, die man als die Hintermänner der Ermordung des Thronfolgers Franz Ferdinand in Sarajewo ansah.

BILDQUELLEN

FIGARO
Humoristisches Wochenblatt
(1857—1919)

  1: 19. 6. 1897
  2: 20. 11. 1869
  8: 23. 3. 1867
17: 30. 9. 1865
20: 14. 1. 1865
21: 28. 9. 1867
22: 4. 4. 1868
23: 7. 2. 1862
24: 4. 6. 1859
26: 30. 7. 1865
27: 15. 7. 1865
28: 14. 7. 1866
29: 31. 3. 1866
30: 11. 8. 1866
31: 22. 9. 1866
32: 29. 5. 1897
33: 29. 1. 1865
34: 11. 5. 1907
35: 18. 5. 1867
37: 5. 5. 1888
38: 23. 11. 1878
46: 12. 6. 1869
47: 11. 4. 1868
48: 26. 4. 1873
58: 21. 9. 1878
59: 11. 10. 1879
60: 8. 3. 1879
61: 9. 10. 1872
64: 30. 8. 1879
76: 5. 10. 1907
80: 25. 5. 1895
87: 17. 3. 1897
88: 3. 3. 1897
93: 27. 7. 1895
94: 13. 7. 1895
95: 15. 12. 1866
96: 6. 7. 1895
97: 28. 12. 1907
98: 20. 2. 1897
105: 25. 6. 1898
112: 25. 12. 1897
114: 8. 6. 1895
115: 15. 4. 1907
116: 12. 9. 1908
117: 11. 7. 1908
118: 19. 12. 1908
120: 16. 11. 1895

WIENER LUFT
(Beilage zum FIGARO
ab 1876)

10: Nr. 32/1879
11: Nr. 46/1895
15: Nr. 37/1897
51: Nr. 27/1897
54: Nr. 37/1897
82: Nr. 53/1897
83: Nr. 45/1895
85: Nr. 27/1897
91: Nr. 16/1897

DER FLOH
Politische, humoristische
Wochenschrift
(1869—1919)

 75: Nr. 1/1896
 99: Nr. 12/1896
100: Nr. 14/1896
101: Nr. 12/1880
102: Nr. 14/1896
(+ Einbandrückseite)
108: Nr. 17/1900

DIE WESPEN (1893—1909)

 9: 20. 2. 1907
73: 26. 4. 1907
74: 13. 11. 1907

DIE MUSKETE
Humoristische Wochenschrift
(1905—1941)

Titelseite: Nr. 447/1914
123: 12. 11. 1914
125: 16. 7. 1914

NEUE GEISSEL
Zeitschrift für Politik,
Humor und Satyre
(1867—1869)

89: 29. 2. 1868

DER KIKERIKI
Humoristisches Volksblatt
(1861—1933)

  4: 1. 5. 1879
  6: 16. 3. 1914
12: 17. 1. 1867
14: 22. 6. 1890
16: 23. 3. 1879
18: 22. 10. 1911
19: 23. 7. 1911
25: 18. 10. 1865
36: 7. 6. 1888
39: 7. 1. 1869
40: 15. 11. 1866
41: 7. 12. 1865
42: 18. 9. 1890
43: 13. 3. 1879
44: 13. 3. 1879
45: 18. 6. 1868
49: 18. 5. 1873
50: 15. 5. 1873
52: 27. 11. 1879
55: 21. 9. 1879
56: 1. 12. 1881
57: 2. 2. 1911
62: 13. 7. 1879
63: 1. 6. 1879
66: 8. 4. 1886
67: 30. 3. 1890
68: 16. 5. 1886
69: 6. 3. 1890
70: 30. 1. 1890
71: 19. 2. 1898
72: 23. 3. 1911
77: 17. 7. 1879
78: 25. 3. 1888
84: 7. 10. 1886
86: 12. 7. 1888
90: 2. 11. 1890
92: 9. 7. 1911
107: 15. 9. 1898
122: 12. 11. 1911
124: 12. 7. 1914

HUMORISTISCHE BLÄTTER
(1879—1919)

104: Nr. 15/1897

GLÜHLICHTER
Humoristisch-satirisches Arbeiterblatt
(1889—1896)

NEUE GLÜHLICHTER
(1896—1914)

13: 13. 8. 1896
53: 1. 4. 1893
65: 11. 11. 1893
79: 10. 4. 1907
81: 24. 12. 1896
103: 14. 10. 1897
106: 15. 4. 1899
109: 4. 7. 1901
110: 26. 2. 1904
111: 20. 1. 1905
113: 11. 4. 1896
121: 9. 4. 1914
Einband: 19. 1.1899

HISTORISCHES MUSEUM DER STADT WIEN

3: I. Nr. 88528 (1848)
5: I. Nr. 87934 (1848)
7: I. Nr. 89141 (1848)

BILDARCHIV DER ÖSTERREICHISCHEN
NATIONALBIBLIOTHEK

119: NB 513.934 B
     NB 506.203 B (Einband)

AUSGEWÄHLTE LITERATUR

Der österreichisch-ungarische Ausgleich von 1867. Seine Grundlagen und Auswirkungen. (Buchreihe der südostdeutschen historischen Kommission 20, München 1968)

BENEDIKT, Heinrich: Die wirtschaftliche Entwicklung in der Franz-Joseph-Zeit (Wien-München 1958).

BERNATZIK, Eduard: Die österreichischen Verfassungsgesetze (Wien² 1911).

BITTNER, Ludwig und Hans UEBERSBERGER: (Hg.): Österreich-Ungarns Außenpolitik von der bosnischen Krise 1908 bis zum Kriegsausbruch 1914. Diplomatische Aktenstücke des österreichisch-ungarischen Ministeriums des Äußern (9 Bde., Wien 1930ff.)

BRANDT, Harm Hinrich: Der österreichische Neoabsolutismus. Staatsfinanzen und Politik 1848—1860 (Schriftenreihe der historischen Kommission bei der Bayerischen Akademie der Wissenschaften 15, Göttingen 1978)

BRUCKMÜLLER, Ernst: Sozialgeschichte Österreichs (Wien-München 1985)

BRÜGEL, Ludwig: Geschichte der österreichischen Sozialdemokratie (5 Bde., Wien 1922—25)

CHARMATZ, Richard: Österreichs innere Geschichte von 1848—1907 (2 Bde., Berlin 1911)

CORTI, Egon Caesar Conte: Vom Kind zum Kaiser (Graz 1951)
Mensch und Herrscher (Graz 1952)
und Hans SOKOL: Der alte Kaiser (Graz 1955)

FELLNER, Fritz: Der Dreibund. Europäische Diplomatie vor dem Ersten Weltkrieg (Wien 1960)

FRANZ, Georg: Liberalismus. Die deutschliberale Bewegung in der Habsburgermonarchie (München 1955)

FUCHS, Albert: Geistige Strömungen in Österreich 1867—1918 (Wien 1949)

FUCHS, Eduard: Die Karikatur der europäischen Völker vom Altertum bis zur Neuzeit (Berlin 1901)

GAMILLSCHEG, Johannes: Witz, Satire und Karikatur in der Wiener Revolution von 1848. Ein Beitrag zur Wirkung von Aussagen der Massenmedien in der Revolution (Diss. Wien 1976)

HÄUSLER, Wolfgang: Von der Massenarmut zur Arbeiterbewegung. Demokratie und soziale Frage in der Wiener Revolution von 1848 (Wien-München 1979)

HAMANN, Brigitte: Rudolf. Kronprinz und Rebell (Wien-München 1978).
Elisabeth. Kaiserin wider Willen (Wien-München 1983)

HAUTMANN, Hans und Rudolf KROPF: Die österreichische Arbeiterbewegung vom Vormärz bis 1948 (Schriftenreihe des Boltzmann-Instituts für Geschichte der Arbeiterbewegung 4, Wien 1974)

HOFMANN, Werner: Die Karikatur von Leonardo bis Picasso (Wien 1956)

JENKS, William A.: Austria under the Iron Ring 1879—1893 (Charlottesville 1965)
The Austrian Electoral Reform (New York 1950)

JOHNSTON, William M.: Österreichische Kultur- und Geistesgeschichte. Gesellschaft und Ideen im Donauraum 1848—1938 (Forschungen zur Geschichte des Donauraumes 1, Wien-Graz-Köln² 1980)

KANN, Robert A.: Das Nationalitätenproblem der Habsburgermonarchie. Geschichte und Ideengehalt der nationalen Bestrebungen vom Vormärz bis zur Auflösung des Reiches im Jahre 1918 (Graz-Köln² 1964)

KNOLL, Reinhold: Zur Tradition der christlich-sozialen Partei. Ihre Früh- und Entwicklungsgeschichte bis zu den Reichsratswahlen 1907 (Studien zur Geschichte der Österreichisch-ungarischen Monarchie 13, Wien-Graz-Köln 1973)

KOLMER, Gustav: Parlament und Verfassung in Österreich (8 Bde., Wien 1902ff.)

LUTZ, Heinrich: Österreich-Ungarn und die Gründung des Deutschen Reiches. Europäische Entscheidungen 1867—1871 (Frankfurt 1979)

MAGRIS, Claudio: Il mito absburgico nella letteratura austriaca moderna (Torino 1963)

MOLISCH, Paul: Geschichte der deutschnationalen Bewegung in Österreich (Jena 1926)

MOMMSEN, Hans: Die Sozialdemokratie und die Nationalitätenfrage im habsburgischen Vielvölkerstaat (Wien 1963)

NAGL, Johann Willibald, Jakob ZEIDLER und Eduard CASTLE: Deutsch-Österreichische Literaturgeschichte 3. Bd. (Wien 1931—37)

NOVOSEL, Silvia: Österreichische Ministerpräsidenten im Spiegel der Karikatur von 1879 bis 1914 (Diss. Wien 1981)
Österreich-Ungarns letzter Krieg 1914—1918 (7 Bde. Text etc., Wien² 1931—1938)

PAUER, Hans: Kaiser Franz Joseph I. Beiträge zur Bild-Dokumentation seines Lebens (Wien-München 1966)

PULZER, Peter: Die Entstehung des politischen Antisemitismus in Deutschland und Österreich 1867—1914 (Gütersloh 1966)

RATH, John R.: The Viennese Revolution of 1848 (Austin 1957)

REDLICH, Josef: Kaiser Franz Joseph von Österreich (Berlin 1929)

RESCHAUER, Heinrich und Morits SMETS: Geschichte der Wiener Revolution im Jahre 1848 (2 Bde., Wien 1898)

SCHALK, Heinz Christian: Der Zusammenbruch Österreich-Ungarns und sein Spiegelbild in den Wiener satirischen Zeitschriften (Diss. Wien 1976)

SCHEIDL, Ernst: Die humoristisch-satirische Presse in Wien von den Anfängen bis 1918 und die öffentliche Meinung (Diss. Wien 1950)

SCHNEIDER Elfriede: Karikatur und Satire als politische Kampfmittel. Ein Beitrag zur Wiener humoristisch-satirischen Presse des 19. Jahrhunderts (1848—1914) (Diss. Wien 1972)

SUTTER, Berthold: Die Badenische Sprachenverordnung von 1897 (Veröffentlichungen der Kommission für neuere Geschichte Österreichs 46, 47, Graz-Köln 1960—65)

UCAKAR, Karl und Maren SELIGER: Wahlrecht und Wählerverhalten in Wien 1848—1932. Privilegien, Partizipationsdruck und Sozialstruktur (Hist. Atlas v. Wien, Komm. 3, Wien- München 1984)

VOCELKA, Karl: Verfassung oder Konkordat? Der publizistische und politische Kampf der österreichischen Liberalen um die Religionsgesetze des Jahres 1868 (Studien zur Geschichte der österreichisch-ungarischen Monarchie 17, Wien 1978)

WANDRUSZKA, Adam und Peter URBANITSCH (Hg.): Die Habsburgermonarchie (Wien 1973—1985, bisher vier Bände erschienen: Wirtschaftliche Entwicklung — Verwaltung und Rechtswesen — Die Völker des Reiches — Die Konfessionen)

WEISSENSTEINER, Friedrich: Franz Ferdinand. Der verhinderte Herrscher (Wien 1983)

WHITESIDE, Andrew G.: The Socialism of Fools. Georg Ritter von Schönerer and Austrian Pan Germanism (Berkley 1975)

ŽOLGER, Ivan von: Der staatsrechtliche Ausgleich zwischen Österreich und Ungarn (Leipzig 1911)